Editorial

Unsere Scouts zeigen ihre Lieblingsplätze: Architekt Lars-Erik Prokop fährt Karussell auf dem Killesberg. Durch Ludwigsburg führen Jasmin und Felix Mertikat, zwei Macher in der Kreativszene der Stadt

Willkommen in Stuttgart!

Die selbstbewusste Stadt im Kessel gehört längst zur ersten Riege der Städteziele in Deutschland. Und punktet dabei mit einem Mix aus Bodenständigkeit, Experimentierfreude und einer ausgeprägten Lust am Genuss: Savoir-vivre statt »schaffe, schaffe«. Baden-Württembergs Hauptstadt ist stolz auf das, was sie zu bieten hat: großartige Museen, neue Ideen zur Stadtplanung und eine lebendige Szene von Cafés, Restaurants und Geschäften. Noch dazu erstreckt sich rund um Stuttgart ein Umland voller Natur- und Kulturhighlights. Insider führen Sie auf den folgenden Seiten deshalb nicht nur zu den Höhepunkten auf dem Killesberg oder durch Stuttgarts Nachtleben, sondern auch durch die Kreativszene von Ludwigsburg mit seiner berühmten Filmakademie. Genießen Sie Ihre Reise, viel Spaß wünscht Ihnen

Ihr Team von MERIAN scout

WO LIEGT WAS?

Alle Tipps finden Sie auf der großen Karte auf Seite 6. Fünf Kategorien helfen bei der Orientierung.

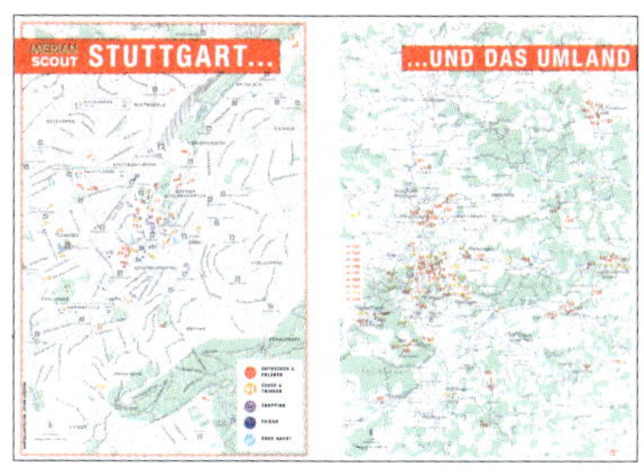

ENTDECKEN & ERLEBEN

ESSEN & TRINKEN

SHOPPING

FEIERN

ÜBER NACHT

FOTOS: STEFANIE PLARRE, VOLKER RENNER

Inhalt

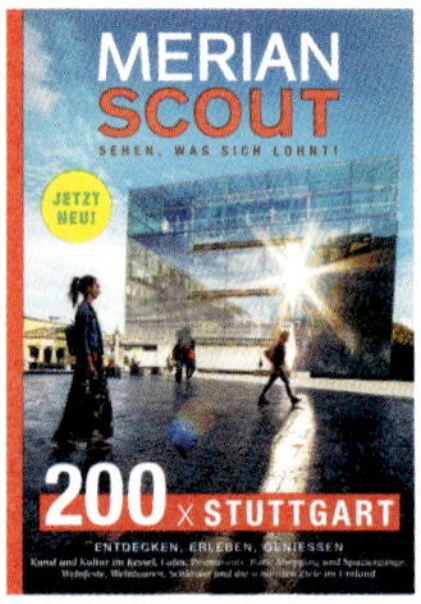

Der gläserne Kubus des Kunstmuseums *ist der Blickfang im Herzen der Stadt. Eines der Highlights im Innern: die großartige Otto-Dix-Sammlung (S. 8)*

Ein Hauch von Orient am Schlossplatz: Blick aus dem Musikpavillon auf die Jubiläumssäule vor dem Neuen Schloss

TITELFOTO: KEVIN KUREK; FOTO: VOLKER RENNER

UMLAND NORDEN UND OSTEN

UMLAND SÜDEN

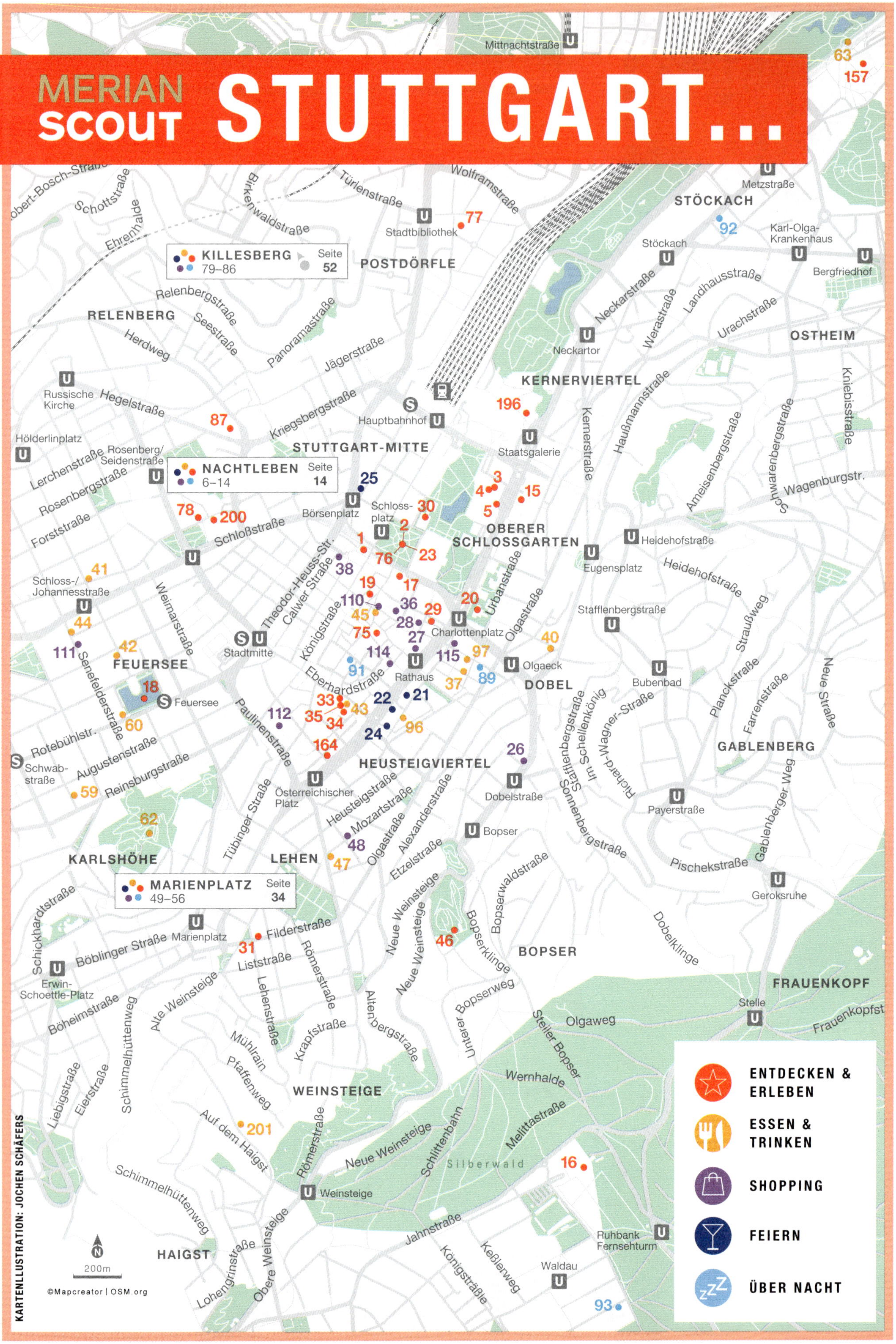
MERIAN SCOUT
STUTTGART...
Mittnachtstraße
63
157
Metzstraße
STÖCKACH
92
Karl-Olga-Krankenhaus
Stöckach
Bergfriedhof
Türlenstraße
Wolframstraße
Birkenwaldstraße
Schottstraße
Ehrenhalde
Stadtbibliothek
77
POSTDÖRFLE
KILLESBERG 79–86 Seite 52
Relenbergstraße
RELENBERG
Seestraße
Herdweg
Panoramastraße
Jägerstraße
Neckarstraße
Werastraße
Landhausstraße
Urachstraße
Neckartor
OSTHEIM
KERNERVIERTEL
Russische Kirche
Hegelstraße
Kriegsbergstraße
Hauptbahnhof
196
Staatsgalerie
Kernerstraße
Haußmannstraße
Ameisenbergstraße
Schwarenbergstraße
Kniebisstraße
Wagenburgstr.
87
Hölderlinplatz
Lerchenstraße
Rosenberg/Seidenstraße
STUTTGART-MITTE
NACHTLEBEN 6–14 Seite 14
25
Rosenbergstraße
Forststraße
78
200
Börsenplatz
Schlossplatz
30
3
4
5
15
Schloßstraße
2
1
76
23
OBERER SCHLOSSGARTEN
Eugensplatz
Heidehofstraße
41
Schloss-/Johannesstraße
Theodor-Heuss-Str.
Calwer Straße
38
19
17
20
Urbanstraße
Olgastraße
Stafflenbergstraße
44
Weimarstraße
Königstraße
110
36
29
45
28
Charlottenplatz
75
27
Straußweg
111
42
FEUERSEE
Stadtmitte
114
40
115
97
91
Rathaus
89
Olgaeck
Bubenbad
Neue Straße
Senefelderstraße
18
Feuersee
Eberhardstraße
37
DOBEL
Planckstraße
33
43
22
21
Farrenstraße
35
34
112
60
24
96
Stafflenbergstraße
Im Schellenkönig
Richard-Wagner-Straße
Rotebühlstr.
Schwabstraße
Augustenstraße
Paulinenstraße
164
26
GABLENBERG
Reinsburgstraße
59
HEUSTEIGVIERTEL
Österreichischer Platz
Heusteigstraße
Mozartstraße
Dobelstraße
Sonnenbergstraße
Payerstraße
62
Tübinger Straße
48
Olgastraße
Alexanderstraße
Bopser
Gablenberger Weg
KARLSHÖHE
LEHEN
47
Etzelstraße
Pischekstraße
MARIENPLATZ 49–56 Seite 34
Geroksruhe
Schickhardtstraße
Marienplatz
Filderstraße
31
Bopserwaldstraße
Neue Weinsteige
46
Dobelklinge
Böblinger Straße
Liststraße
Römerstraße
BOPSER
Erwin-Schoettle-Platz
Böheimstraße
Alte Weinsteige
Lehenstraße
Altenbergstraße
Bopserklinge
FRAUENKOPF
Stelle
Unterer Bopserweg
Olgaweg
Frauenkopfstr.
Schimmelhüttenweg
Mühlrain
Krapfstraße
Steiler Bopser
Liebigstraße
Eierstraße
Pfaffenweg
WEINSTEIGE
Wernhalde
Melittastraße
Auf dem Haigst
201
Römerstraße
Neue Weinsteige
Schlittenbahn
Silberwald
16
Schimmelhüttenweg
Weinsteige
Jahnstraße
Ruhbank Fernsehturm
HAIGST
Lohengrinstraße
Obere Weinsteige
Königsträßle
Keßlerweg
Waldau
93
200m
KARTENILLUSTRATION: JOCHEN SCHÄFERS
©Mapcreator | OSM.org
ENTDECKEN & ERLEBEN
ESSEN & TRINKEN
SHOPPING
FEIERN
ÜBER NACHT

...UND DAS UMLAND

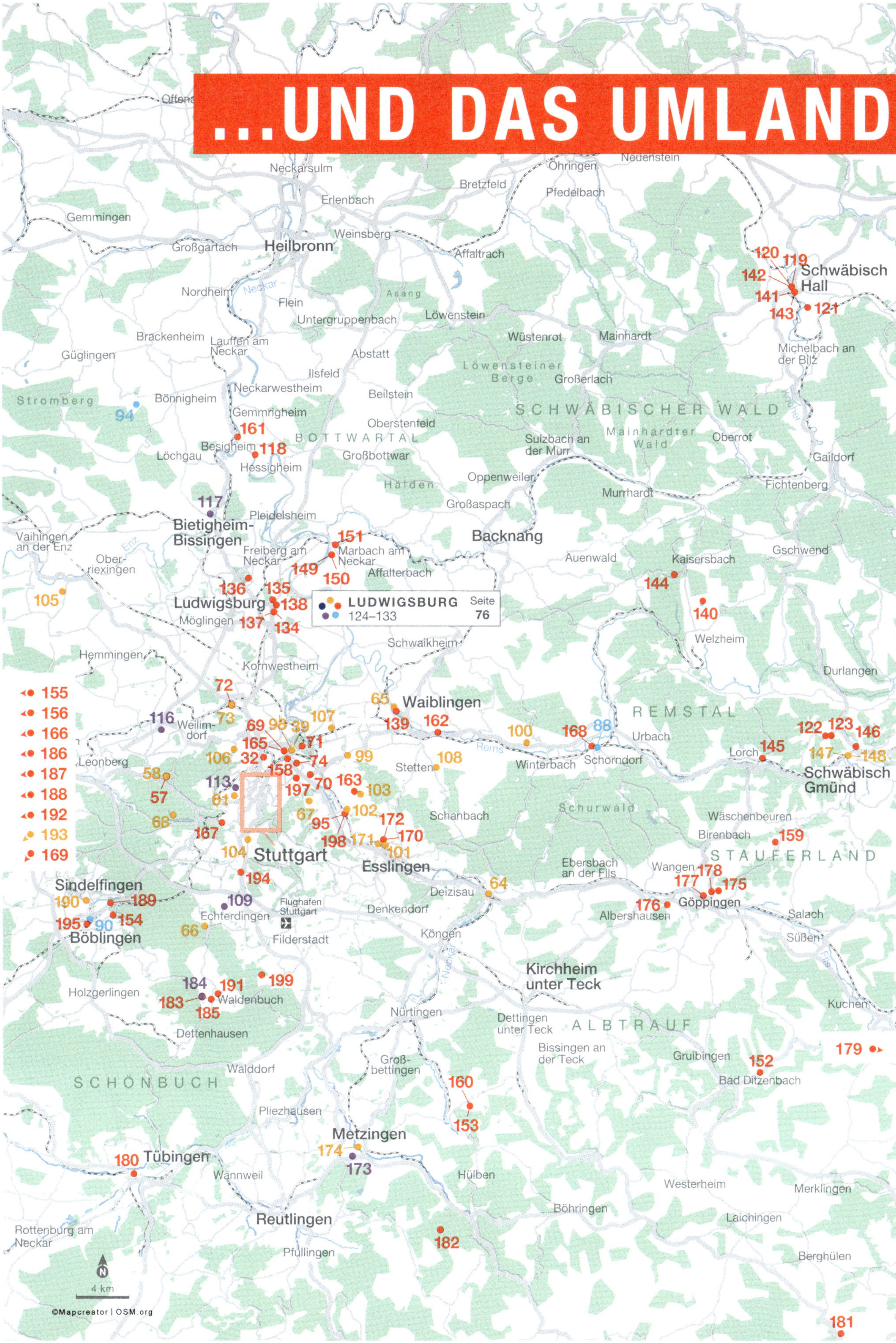

Strahlt seit 2005 am
Schlossplatz:
das Kunstmuseum

01

01-38 Zentrum

KUNSTMUSEUM · SCHLOSSPLATZ · BALLETT
DURCH DIE NACHT MIT ALEXANDER FRANKE · KLASSIKER
BIX JAZZCLUB · PAUL & GEORGE · BREUNINGER
DOROTHEEN QUARTIER · WÜRTTEMBERGISCHER KUNSTVEREIN
TAGBLATT-TURM · MARKTHALLE

Schaut her! Das gläserne Kunstmuseum am Schlossplatz steht symbolisch für eine Stadt, die viel Sinn für Schönheit und Offenheit hat – und für gelebte Integration

FOTO: KEVIN KUREK

Zauberwürfel voller Kunst

Aus all der früheren Pracht am Schlossplatz sticht er heraus: der gläserne Kubus des Kunstmuseums. Erbaut wurde es, um der Sammlung der Galerie der Stadt Stuttgart ein neues Zuhause zu geben. Der Grundstock dafür kam von einem neapolitanischen Adligen. Silvio della Valle di Casanova hatte der Stadt, in der er Student war, 1924 seine Privatsammlung mit Werken Schwäbischer Impressionisten vermacht. Zu sehen gibt es aber noch viel mehr: Werke von Adolf Hölzel und Willi Baumeister, Zeitgenössisches von Josephine Meckseper. Vor allem aber kommen Besucher wegen der **großartigen Otto-Dix-Sammlung.** Rund 250 Gemälde, Zeichnungen und Grafiken des Künstlers besitzt das Haus. Darunter das »Großstadt«-Triptychon, das zum Symbolbild der 1920er Jahre wurde. Huren, Kriegskrüppel, Jazz, die Ausschweifungen der High Society: All die Widersprüche der Zeit stecken in diesem Meisterwerk.

Kleiner Schlossplatz 1, U-Bahn Schlossplatz
kunstmuseum-stuttgart.de

Schlossplatz

Concordia, die Göttin, wacht über den Platz und die Menschen, die sich hier täglich begegnen. Der einstige Paradeplatz ist nun ein Paradebeispiel für Lebensart

Eine Gottheit am richtigen Ort: Concordia, die römische Göttin der Eintracht, krönt die Jubiläumssäule auf dem Schlossplatz

02

Dolce Vita

Hier sind sie alle: die Jungen, die Alten, die Aufgemotzten, die Normalos, die Cliquen, die Familien. Hier wird gefeiert, gefaulenzt, gespielt, demonstriert, bei den »jazzopen« treten Musikgrößen auf, beim Trickfilmfestival werden Filme gezeigt, im Winter wird eine Eisbahn aufgebaut. **Die Lebensader der Stadt:** Das ist der wunderbar weite Schlossplatz. Geprägt wird er von einigen Landmarken. Da ist das Neue Schloss, das Herzog Carl Eugen ab 1746 erbauen ließ, ein dreiflügeliger Bau. Auffällig auch: der gläserne Kubus, in dem das Kunstmuseum zu Hause ist. Und der Königsbau im spätklassizistischen Stil, in den Geschäfte und Cafés gezogen sind, sowie die Jubiläumssäule. Schauen Sie, sobald ein paar Sonnenstrahlen da sind, vorbei und suchen sich auf der grünen Wiese ein Plätzchen. Breiten Sie die Picknickdecke aus und beobachten Sie all die Menschen, lauschen Sie den unzähligen Sprachen, die hier gesprochen werden. Mediterraner als am Schlossplatz ist Deutschland selten.

Schlossplatz, U-Bahn Schlossplatz

FOTO: GERALD HÄNEL

03

»Ballet miracle«

Jede, wirklich jede Bewegung sitzt. Perfektion, Harmonie, Körperspannung, Ausdruck und Emotionen, all das weiß das Publikum zu schätzen: Wenn der Vorhang fällt, bricht es in Jubel aus. In richtigen Jubel, in Rockkonzert-Jubel. Denn die Stuttgarter lieben ihre Ballettcompagnie. Zu Recht, schließlich genießt das Haus Weltruhm. Den Grundstein dafür hat John Cranko gelegt, ein Magier des Tanzes, der von 1961 bis zu seinem Tod 1973 hier Ballettdirektor war. Ende der sechziger Jahre brach er mit seiner Truppe zu Gastspielen an die Metropolitan Opera in New York auf, und seine Tänzer versetzten das Publikum in Euphorie. Vom »Stuttgart ballet miracle«, vom Stuttgarter Ballettwunder, schwärmte der Tanzkritiker Clive Barnes. Bis heute sehen sich die Tänzerinnen und Tänzer genauso wie die Choreographen in der Tradition Crankos. Auch Tamas Detrich, seit 2018 Intendant, ist von ihm geprägt. Schließlich hat er selbst die John Cranko Schule absolviert, eine Talentschmiede, die der legendäre Choreograph in Stuttgart ins Leben rief. Sie sorgt dafür, dass das Ballettwunder weitergeht.

☆ *Oberer Schlossgarten 6, U-Bahn Staatsgalerie, stuttgarter-ballett.de*

SPITZENLEISTUNGEN

04 SCHAUSPIEL STUTTGART

Teil des Staatstheaters, das als größtes Drei-Sparten-Haus Europas gilt, ist auch das Schauspiel Stuttgart. Intendant Burkhard C. Kosminski hat ein großes Faible für die Gegenwartsdramatik.

☆ *Oberer Schlossgarten 6 schauspiel-stuttgart.de*

05 STAATSOPER STUTTGART

Sechsmal! So oft wurde das Haus bereits zum »Opernhaus des Jahres« gekürt.

☆ *Oberer Schlossgarten 6 staatsoper-stuttgart.de*

FOTO: STUTTGARTER BALLETT

Ballett

Inniger kann eine Liebe kaum sein: Seit Jahrzehnten verehren die Stuttgarter die Tänzer und Choreographen ihres Balletts. Der große Erfolg des Hauses begann in den 1960er Jahren – unter dem legendären Compagniechef John Cranko

Lichtgestalten im perfekten Einklang: Szene aus dem »Königreich der Schatten«, choreographiert von Natalia Makarova

Durch die NACHT *mit Alexander Franke*

Radiomoderator Alexander Franke hat über 200 Gin-Sorten zu Hause. Sein Hobby machte er zum Beruf und gründete mit Winzer Markus Escher die Marke GINSTR – Stuttgart Dry Gin. Klar, dass er weiß, wo es die besten Drinks gibt

06

JOHN CRANKO LOUNGE

Das ist der Ort, an dem für mich die Nacht beginnt. Die Lounge im »Althoff Hotel am Schlossgarten« liegt zentral am Hauptbahnhof. Hier treffe ich gern Freunde, die mich in Stuttgart besuchen kommen. Ideal für die, die mit dem Zug anreisen. Die Bar, benannt nach dem Stuttgarter Ballettdirektor, ist dank der Auswahl an hochwertigen Spirituosen erstklassig. Wie auch die Küche. Empfehlenswert: die Garnelen im Kartoffelmantel – verboten gut!

Schillerstr. 23, althoffcollection.com

07

LE PETIT COQ

Ferro Ceylan punktet mit einem superhübschen kleinen Außenbereich, tollen Cocktails und dem portugiesischen Barkeeper namens Marco, der eine Menge sehr ausgefallener Kreationen auf Lager hat.

Hauptstätter Str. 59
lepetitcoq.de

MEINE PERFEKTE NACHT

Als DJ Sandy hat Alexander Franke in den Clubs der Stadt aufgelegt. Vor allem an die »Schräglage« denkt er gern zurück

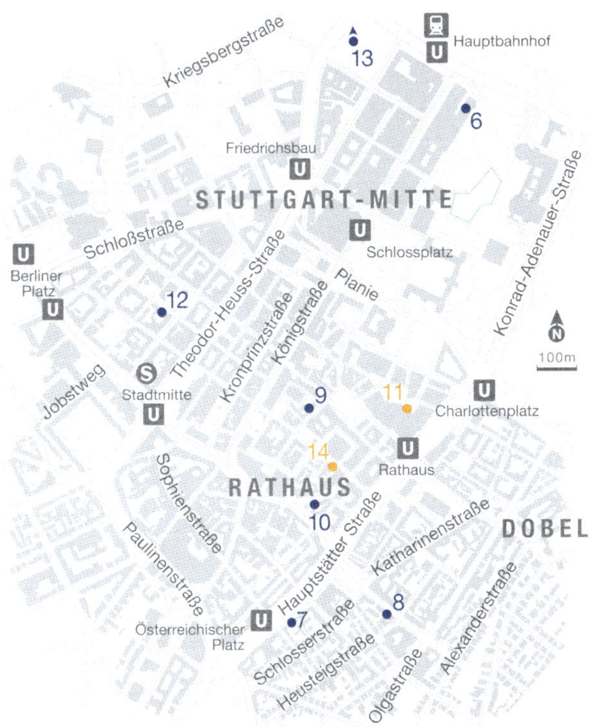

maps4news.com/©HERE

08 SPÄTABENDS

Die ***Schwarz Weiß Bar*** *gab es schon während meiner Jugendzeit. Sie war die erste klassische Cocktailbar in Stuttgart. Geraucht wird hier auch. Zu einem Glas Whiskey bekommt man auf Wunsch eine gute Zigarre.*

Wilhelmstr. 8A
schwarz-weiss-bar.de

09 NACHTS

Seit über 15 Jahren lege ich als DJ Sandy auf. Es gab Zeiten, in denen ich drei bis vier Gigs in der Woche hatte. Die Abende in der ***Schräglage*** *haben mir immer am meisten Spaß gemacht. Ich konnte das spielen, worauf ich Lust hatte. Hier tummeln sich vor allem junge Menschen und Studenten – und die Skate- und Hip-Hop-Szene Stuttgarts. Denn auf dem Dancefloor steht eine Halfpipe.*

Hirschstr. 14
schraeglage.tv/club

10 FRÜHMORGENS

Das ***Dilayla*** *mit seiner golden glänzenden Decke ist für mich ein Muss nach jeder Partynacht. Am Wochenende hat die Bar bis 7 Uhr morgens auf. Perfekt, um die Nacht ausklingen zu lassen.*

Eberhardstr. 49
dilayla.de

11

SANSIBAR

Breuninger hat die Kultbar Sylts nach Stuttgart geholt, die »Sansibar«. Dorthin gehe ich, wenn ich eine Kleinigkeit essen möchte. Dazu setze ich mich mit einem Drink an die Bar. Aber auch die Terrasse hat Charme: Mit Schilf bepflanzte Hochbeete zwischen den Holzmöbeln geben mir das Gefühl, an der Nordsee zu sitzen. Neben Fisch gibt's hier auch edles Wagyu-Rind.

Marktstr. 1-3
sansibarbybreuninger.de

12 JIGGER & SPOON

Nicht leicht zu finden, aber so soll es auch sein: Im alten Tresorraum einer Bank, gegenüber vom Hospitalhof, liegt meine Lieblingsbar, das »Jigger & Spoon«. Es gibt außergewöhnliche Drinks mit frischen Bitters, veredelt von den Bartendern Eric Bergmann und Uwe Heine. Dunkle Holzvertäfelungen und das warme Licht der Messinglampen erinnern an den Stil der 1920er Jahre zu Zeiten eines Great Gatsby. So eine Speakeasy-Bar kennt man heute sonst nur aus England. Da darf der Drink auch ein bisschen mehr kosten.

Gymnasiumstr. 33
jiggerandspoon.de

13 WOLFRAM BAR

Auf dem Dach des Hotels »Jaz« liegt eine der wenigen Rooftop-Bars Stuttgarts. Von der Terrasse der »Wolfram Bar« hat man einen schönen Blick über den Kessel und kann es sich in Liegestühlen oder Himmelbetten bequem machen. Drinnen sorgen Industriedesign und gedämpftes Licht für eine entspannte Atmosphäre. Der Laden ist einzigartig in der Stadt.

Wolframstr. 41, jaz-hotel.com

14 GÜL KEBAP

Dönerläden gibt's viele in Stuttgart. Wirklich gut sind nur wenige. Wie »Gül Kebap«, mein Lieblingsimbiss mitten im Zentrum. Schon mit 16 war ich hier, meistens nach einer langen Nacht. Denn bei Gül gab es selbst am frühen Morgen noch was zu essen. Am Wochenende hat der Laden bis 7 Uhr morgens auf.

Nadlerstr. 18

FOTOS: CHRISTOPHER MÜLLER (4), WOLFGANG SIMM, PIETER-PAN RUPPRECHT; KARTENILLUSTRATION: JOCHEN SCHÄFERS

DIE KLASSIKER

Für Stuttgart-Kenner sind diese Sehenswürdigkeiten alte Bekannte. Für alle anderen die Meilensteine ihrer Sightseeing-Runde durch die Stadt

15

STAATSGALERIE

Eine postmoderne Hülle, prall gefüllt mit Kunst. In der Staatsgalerie hängt Meisterstück neben Meisterstück: von Jerg Ratgebs Herrenberger Altar (1519) über Werke von Caspar David Friedrich, Anselm Feuerbach, Paul Cézanne und Pablo Picasso bis hin zum Friedenshasen von Joseph Beuys. Der beeindruckendste Raum des Museums ist das Kabinett, in dem die Kostüme ausgestellt sind, die der Bauhaus-Meister Oskar Schlemmer für sein legendäres »Triadisches Ballett« anfertigte.

Konrad-Adenauer-Str. 30, U-Bahn Staatsgalerie, staatsgalerie.de

FOTOS: H & D ZIELSKE, MARIA SCHIFFER, GEORG KNOLL (2), GERALD HÄNEL, KAI LOGES/DIE ARGE LOLA

FERNSEHTURM

Das gab es vorher nie: Auf dem Hohen Bopser eröffnete 1956 der erste Fernsehturm der Welt aus Stahlbeton. Fritz Leonhardt hieß der kühne Ingenieur, der den eleganten Riesen entworfen hatte. 2013 machte der 217 Meter hohe Turm Schlagzeilen, weil er wegen Mängeln beim Brandschutz geschlossen werden musste. 2016 feierten die Stuttgarter Wiedereröffnung.

Jahnstr. 120, U-Bahn Ruhbank
fernsehturm-stuttgart.de

ALTES SCHLOSS

Das Alte Schloss, in dem die Herzöge von Württemberg lange residierten, hat viel erlebt und noch mehr überstanden. Ein Brand 1931 und ein Bombenangriff 1944 hätten seine Geschichte fast besiegelt, doch jedes Mal konnte es wiederaufgebaut werden. Heute hat das Landesmuseum Württemberg hier Quartier bezogen. Zu sehen gibt es etwa die Preziosen der herzoglichen Kunstkammer, die außerordentliche Glassammlung und schwäbische Skulpturen des Spätmittelalters.

Schillerplatz 6, U-Bahn Charlottenplatz, landesmuseum-stuttgart.de

FEUERSEE

Weiden, Büsche, Schwäne: Der Feuersee ist ein idyllischer Ort für eine Pause beim Stadtbummel. Die auf der Halbinsel am Feuersee gelegene Johanneskirche errichtete Architekt Christian Friedrich von Leins 1865 bis 1876. Sie war der erste Stuttgarter Kirchenneubau nach der Reformation. Im Zweiten Weltkrieg beschädigt, danach ohne Turmspitze wiederaufgebaut sieht man sie heute als Mahnmal gegen den Krieg.

Feuersee, S-Bahn Feuersee
stuttgart-west-evangelisch.de

STIFTSKIRCHE

Die Stiftskirche, in der 1534 eine der ersten evangelischen Predigten Württembergs gehalten wurde, fällt auf: wegen ihrer zwei unterschiedlichen Türme. Und wegen des vielfältigen Programms mit Kirchenmusik, das hier am Schillerplatz geboten wird. Etwa hundert Konzerte laufen pro Jahr.

Stiftstr. 12, U-Bahn Schlossplatz
stiftskirche-stuttgart.de
stiftsmusik-stuttgart.de

STADTPALAIS

Historische Stadtmuseen erschlagen einen oft mit unzähligen Exponaten und der immer gleichen Aufzählung von Heldenmomenten. Das StadtPalais, das 2018 im Wilhelmspalais eröffnete, ist anders. Ausstellungen über die Stuttgarter Hiphop-Szene oder die Graffitikunst begeistern auch ein jüngeres Publikum. Konzerte, Workshops und Familienführungen stehen außerdem auf dem Programm. So lebendig kann Geschichte sein.

Konrad-Adenauer-Str. 2
U-Bahn Charlottenplatz
stadtpalais-stuttgart.de

BIX JAZZCLUB

Mal Talentschuppen, mal große Bühne für Weltstars

21

Der Saxofonist spielt, das Publikum klatscht, dann stimmt der Sänger ein, singt die ersten Zeilen des Songs »Fantasy« von Earth, Wind & Fire – und dann wird's richtig laut im »Bix«. Wenn die »Soul Diamonds«, die Band des Stuttgarter Musikers Meinhard »Obi« Jenne, auftreten, ist der Laden fast immer ausgebucht. Die regionale Szene, sie spielt eine große Rolle in diesem Club: Jazz-, Soul- und Funk-Künstler aus der Gegend stehen auf der Bühne, auch Nachwuchstalente von der Stuttgarter Musikhochschule spielen regelmäßig in dem schicken Laden mit den goldfarbenen Wänden. **Aber auch die Weltstars des Genres schauen vorbei:** Till Brönner, Wynton Marsalis, Joshua Redman, Billy Cobham und viele andere Jazz-Größen haben schon im »Bix« gespielt.

Leonhardsplatz 28, U-Bahn Rathaus, bix-stuttgart.de

MEHR JAZZ

22 DIE KISTE

In dem Kneipenclub treten bekannte Künstler und Newcomer der Jazzszene auf. Eng, familiär, lässig

Hauptstätter Str. 35, U-Bahn Rathaus, kiste-stuttgart.de

23 JAZZOPEN

Im Juli spielen die Weltstars – nicht nur Jazz, sondern auch Pop, Klassik und Hiphop.

Diverse Orte, jazzopen.com

FOTOS: ISABELA PACINI

PAUL & GEORGE

Zwischen Heusteig- und Bohnenviertel steht eine coole Bar für Genießer

24

Ganz geheuer ist einem die Gegend mit ihren dunklen Ecken und Laufhäusern erstmal nicht. Doch spätestens wenn man die Eingangstür des »Paul & George« hinter sich gelassen hat, steht dem Glück nichts mehr im Wege. Die Bartender tragen weiße Hemden und schwarze Hosenträger, auf den Bistrotischen flackern Kerzen in Weckgläsern, das alte Backsteinmauerwerk wurde freigelegt, aus den Boxen tönt James Brown. Alles schön retro, gediegen, dunkel, gemütlich. Und die Cocktails und Longdrinks schmecken wirklich erstklassig, werden **mit selbstgemachten Sirups und Likören verfeinert.** Der Name der Bar im Rotlichtquartier hat nichts mit den Beatles zu tun, sondern ist eine Hommage an die Architekten des Hauses.

Weberstr. 3, U-Bahn Rathaus, paulandgeorge.de

MEHR SPRIT

25 PALAST DER REPUBLIK

Vom Pissoir zur Szenekneipe: Das frühere Klohäuschen ist eine beliebte Anlaufstelle für Nachtschwärmer.

Friedrichstr. 27, U-Bahn Börsenplatz

26 DIE APOTHEKE

Noch eine Verwandlung: Aus der hübschen Stitzenburg-Apotheke ist eine Spirituosenhandlung geworden.

Hohenheimer Str. 38, U-Bahn Dobelstraße, spirituosengalerie.de

Breuninger

Luxus auf sechs Etagen: Das Kaufhaus alter Schule hatte schon immer gute Ideen

27

Breuninger – das ist mehr als ein Kaufhaus, das ist **ein Stück deutsche Wirtschaftsgeschichte.** Seit das Unternehmen von Eduard Breuninger 1881 in der Stuttgarter Münzstraße die Arbeit aufnahm, damals mit gerade einmal drei Mitarbeitern, glänzt es mit Innovationen. 1896 zum Beispiel versendete Breuninger erstmals Werbung per Post: ein Warenverzeichnis mit Preisliste, dazu einen Stadtplan, damit die Stuttgarter auch ja ihren Weg in das Warenhaus fanden. Auch 1950 war Breuninger ein Pionier: Inspiriert von den Konsumtempeln in Chicago, New York und Detroit wurde das Stuttgarter Geschäft mit Rolltreppe und Aufzügen ausgestattet – als eines der ersten im Land. 1959 führte Breuninger dann als erstes deutsches Kaufhaus die Kundenkarte ein, um bargeldloses Einkaufen zu ermöglichen. Viele weitere Ideen folgten: ein Online-Shop, eine Breuninger-App, Personal-Shopping-Angebote, die Zusammenarbeit mit der Sylter »Sansibar«. Diesem erfinderischen Geist verdankt das Traditionsunternehmen, dass es auch heute noch immer hervorragend dasteht. Und tatsächlich macht es auch einfach Spaß, durch den Ladenkomplex am Marktplatz zu schlendern. Auf 42 000 Quadratmetern Verkaufsfläche kann wirklich jeder Luxusartikel entdeckt werden. Besonders imposant das Tiefparterre: Hier findet man lauter Inseln mit Damenschuhen, von Sneakers bis zu High Heels, inszeniert mit Hilfe von 4000 LED-Leuchtstäben (Foto). Und schauen Sie bei der hauseigenen Confiserie vorbei: Was dort verkauft wird, macht süchtig.

Marktstr. 1-3, U-Bahn Rathaus
e-breuninger.de

FOTOS: BREUNINGER, GEORG KNOLL

Dorotheen Quartier

Stuttgarts neue Mitte: ein edles Areal für Büros, Gastronomie und Geschäfte

28

Der erste Eindruck: wow, spektakulär! Zwischen Markt- und Karlsplatz ist 2017 ein echter Hingucker entstanden. **Schräge Fensterlaibungen geben den Kalksteinfassaden ein markantes Gesicht,** das Glas der Dachgeschosse strahlt in zartem Blau. Nicht nur Läden sind ins Dorotheen Quartier gezogen, in den drei Komplexen finden sich auch Büros und edle Wohnungen. Und, natürlich, Adressen zum Flanieren gibt es reichlich: Geschäfte wie die von Einrichter »Architare«, von der regionalen Modemarke »Rich & Royal« oder den »Louis Vuitton«-Shop. Restaurants wie das schicke »Enso Sushi & Grill« oder die Bar »Eduard's« empfehlen sich für eine Shoppingpause.

Holzstr. 21, U-Bahn Charlottenplatz
dorotheen-quartier.de

ERINNERUNGSORT

29

MUSEUM HOTEL SILBER

Als für den Bau des Dorotheen Quartiers das »Hotel Silber«, in dem während des NS-Terrors die Gestapo ihre Zentrale hatte, abgerissen werden sollte, wehrte sich eine Bürgerinitiative. So entstand die Gedenkstätte, in der über das Unrecht, die Täter, die Opfer und die Polizeigeschichte informiert wird.

Dorotheenstr. 10
U-Bahn Charlottenplatz
geschichtsort-hotel-silber.de

Württembergischer Kunstverein

Was hier gezeigt wird, ist nicht gefällig, sondern überrascht und wirft Fragen auf: junge Kunst mit Anspruch und ohne Tabus, präsentiert im Herzen der Stadt

Wer besiegt wen? Ines Doujaks Skulptur »Sing Along!« ist Teil der Ausstellungsreihe »Actually, the Dead Are Not Dead«

Stuttgart

30

Provozierend gut

Eine riesige Ratte und eine kleine Figur, die in Triumph-Pose auf ihr steht. Die Künstlerin Ines Doujak spielt bei ihrer Skulptur »Sing Along!« mit dem Symbol des Rattenfängers. Das Werk ist Teil der Ausstellungsreihe »Actually, the Dead Are Not Dead«. Ein Projekt, das sinnbildlich ist für die Stoßrichtung des Württembergischen Kunstvereins. In diesem Haus wird in Frage gestellt und provoziert, **alles dreht sich um die Rolle der aktuellen Kunst:** Was kann sie, was will sie in der Gesellschaft bewegen? Das passiert im Herzen der Stadt, direkt am Schlossplatz. Vom gläsernen Eingang in der Stauffenbergstraße aus kann man auf das einzige Kunstwerk sehen, das hier dauerhaft präsentiert wird: Olaf Metzels Skulptur »Stammheim« von 1984. Der drei Meter hohe und drei Tonnen schwere Betonkranz verweist auf das Stuttgarter Hochsicherheitsgefängnis und die Nachwirkungen der Stammheim-Prozesse gegen die Mitglieder der Roten Armee Fraktion.

Schlossplatz 2, Eingang Stauffenbergstr., U-Bahn Schlossplatz, wkv-stuttgart.de

---

MEHR AKTUELLE KUNST

31 KUNSTRAUM 34

Der Kunstverein präsentiert seit 30 Jahren Ausstellungen und Konzerte in zwei großen Kellergewölben.

Filderstr. 34, U-Bahn Marienplatz, kunstraum34.de

32 KUNSTVEREIN WAGENHALLE

Am Nordbahnhof finden interdisziplinäre Projekte in Lokomotiv-Remisen von 1895 statt.

Innerer Nordbahnhof 1, U-Bahn Pragfriedhof, kunstverein-wagenhalle.de

TAGBLATT-TURM

Man wollte schon früh hoch hinaus – und gönnte sich einen Skyscraper mit Klasse

Errichtet wurde er 1928 für die Redaktion des fortschrittlichen und linksliberalen »Neuen Tagblatts« – und war mit seinen 18 Geschossen nicht nur Stuttgarts frühestes Hochhaus, sondern gilt auch als **erstes Sichtbeton-Hochhaus der Welt.** Der Stuttgarter Architekt Ernst Otto Oßwald ließ beim »Wolkenkratzer für den republikanischen Zeitungsleser«, wie der Tagbatt-Turm damals genannt wurde, kaum eine technische Finesse aus: Hier fanden sich der damals höchste Paternoster der Welt und ein Briefkastenabwurfschacht, der Sendungen direkt in den Kasten der Reichspost im Foyer beförderte. Heute beherbergt der Bau Büros, aber auch das Kulturareal »Unterm Turm« mit mehreren Bühnen.

Eberhardstr. 61b,
U-Bahn Rathaus

IM GLEICHEN HAUS

34 JUNGES ENSEMBLE

Beliebt und erfolgreich: Stuttgarts Kinder- und Jugendtheater.

Eberhardstr. 61a. jes-stuttgart.de

35 FITZ

Das freie Figurentheater bringt um die 40 Inszenierungen im Jahr auf die Bühne und ist ein Sprungbrett für den künstlerischen Nachwuchs.

Eberhardstr. 61
fitz-stuttgart.de

MARKTHALLE

Die Schönste ihrer Art in Deutschland

36

Das Angebot: exquisit. Die Atmosphäre: einladend. Das Ambiente: schick. 1914 wurde die von Martin Elsässer entworfene Markthalle eröffnet, und bis heute ist der Jugendstilbau ein Tempel der Genüsse. Trockenfrüchte, Oliven, Öle und mehr bei »Feinkost Veizoglou« (Foto), Maultaschen vom Traditionsmetzger, Brezeln, persische Pasten, italienische Burrata, französische Eclairs. **Drei gute Restaurants gibt es auch:** die »Empore«, das »Marktstüble« und eine Tapasbar. Im ersten Stock findet man bei »Merz & Benzing« Kochbücher, Geschirr, Möbel und vieles mehr. Früher, so ist auf einem Plakat zu lesen, war »das zweckfreie Herumtreiben von Personen« unerwünscht. Unser Tipp heute: herumtreiben und kaufen!

Dorotheenstr. 4, U-Bahn Schlossplatz markthalle-stuttgart.de

FÜR GENIESSER

37

HIGH FIDELITY

Die Weinhandlung von Bernd Kreis am Schillerplatz war eine Ikone, jetzt geht er mit dieser Weinbar neue Wege.

Brennerstr. 23, U-Bahn Olgaeck, highfidelity.bar

38

FEINKOST BÖHM

Auch für ausgefallene Rezepte findet man hier die passenden Zutaten.

Kronprinzstr. 6, U-Bahn Schlossplatz, feinkost-boehm.de

FOTOS: H & D ZIELSKE, GERALD HÄNEL

Egal ob Espresso, Cappuccino, Caffè Latte, Flat White, Americano oder einfach Filterkaffee – wir finden: Ein heißer Schuss Koffein geht in Stuttgart immer

SZENIG

MON PETIT CAFÉ

Nicht leicht zu finden in den Gassen der Bad Cannstatter Altstadt. Halten Sie deshalb Ausschau nach einem schönen Backsteingebäude mit Glastür. Haben Sie es erreicht, blicken Sie auf volle Wandregale, gefüllt mit hunderten von Biersorten. Aber keine Bange: Kaffee gibt's natürlich auch.

Küblergasse 3
U-Bahn Bad Cannstatt Wilhelmsplatz, monpetitcafe.de **39**

CAFÉ BABEL

Während am Marienplatz meistens alle Tische in den umliegenden Cafés schnell besetzt sind, findet man hier oft noch ein Plätzchen. Täglich wechselnde, frisch zubereitete Speisen – auch vegan.

Uhlandstr. 26
U-Bahn Olgaeck, babeleck.de **40**

MÓKUSKA CAFÉ

Auf Ungarisch bedeutet mókuska »kleines Eichhörnchen«. Dieser flinke Nager ist Maskottchen der 2014 eröffneten »Specialty Coffee«-Rösterei. Anspruch der Macher: Stuttgarts besten Kaffee zu rösten. Ein Paradies für Kaffee-Nerds.

Johannesstr. 34, U-Bahn Schloss-/Johannesstraße, mokuska-caffe.de **41**

CAFÉ KIOSKO

Kiosk meets Café am Feuersee. Wer hier vorbeikommt, bleibt gerne sitzen. Guter Kaffee, leckere Snacks, sympathische Chefs.

Johannesstr. 9a, U-Bahn Schloss-/Johannesstraße **42**

43 *Bella Italia*

CAFFÈ-BAR

Bereits seit über 20 Jahren schlürfen hier viele Künstler und Musiker den viel gepriesenen Espresso. Dazu gibt es italienische Leckereien wie Tramezzini. Abends gehen in der winzigen Bar gute Drinks über den Tresen, samstags legen DJs auf.

Torstr. 27, U-Bahn Rathaus
caffe-bar.com

INSTITUTIONEN

CAFÉ MOULU

Das Wohnzimmer des Stuttgarter Westens heißt »Café Moulu«. In dem sonnendurchfluteten Eckhaus kann man sich wunderbar in die rote Sesselecke fläzen und lecker frühstücken – bei schönem Wetter auch draußen. Der Kaffee kommt frisch gemahlen aus der hauseigenen Rösterei.

Senefelderstr. 58, U-Bahn Schloss-/Johannesstraße, cafe-moulu.de **44**

HOLANKA BAR

Gustav und Antonie Hunzelmann hießen die Gründer der Hochland Kaffeerösterei. Heute ist ihre Enkelin Martina mit im Unternehmen, und Hochland gehört mit rund 100 Mitarbeitern zu den Großen unter den kleinen deutschen Kaffee-Manufakturen. Probieren kann man Kaffee – und Tee – gleich an mehreren Orten. Lecker dazu: süße Maultäschle.

z.B. Kirchstr. 6b, U-Bahn Schlossplatz, hochland-kaffee.de/service/filialen.html **45**

ILLUSTRATION: LENA GLAUCHE

Ein paar Treppen hoch, schon liegt einem die Stadt zu Füßen wie hier an der Aussichtsterrasse am Weißenburgpark

46

46-61
Süden und Westen

STÄFFELE · HERBERT'Z · MITTENDRIN AM MARIENPLATZ
SCHLOSS SOLITUDE · KÜNSTLERHAUS

Egal, ob Sie die Stäffele auf- und abwandern, am Marienplatz in die »Zacke« steigen oder Schloss Solitude bewundern, Sie werden entdecken: Diese Stadt hat eine erstaunlich grüne Seite

Stuttgarter Weitblick

Man kann ja viel schimpfen über die Kessellage, wer die Stadt erkundet, stapft hier ordentlich bergauf und auch wieder hinab. Aber das hat auch sein Gutes: Es gibt nämlich jede Menge schöne Abkürzungen in Form von meist sehr malerischen Treppenwegen, die die Stuttgarter liebevoll »Stäffele« nennen. Diese Wege wurden in der Vergangenheit vor allem von den Winzern genutzt, um an ihre Weinberge oder in ihre Gärten zu gelangen. Mehr als 400 dieser Treppen, über die ganze Stadt verteilt, gibt es. **Geführte Stäffeles-Touren** werden, etwa von der Stuttgart-Marketing GmbH, regelmäßig angeboten; man kann sich aber auch im Alleingang auf den Weg machen. Schöne Treppenpfade führen etwa zum Weißenburgpark hinauf. Dort trifft man sich im »Teehaus«, das in einem hübschen Jugendstil-Pavillon untergekommen ist. Und von der Aussichtsterrasse hat man einen grandiosen Blick über Stuttgart.

☆ *Weißenburgpark, teehaus-stuttgart.de*

FOTO: GEORG KNOLL

HERBERT'Z

Diese Espressobar ist die lässigste Adresse im ohnehin schon sehr relaxten Heusteigviertel

Wenn Stuttgart ein Szeneviertel hat, dann ist es das Heusteigviertel. Und dieses Café ist sein Wohnzimmer

47

Hip am Hang

Denken Sie sich jetzt die Musik dazu. Nicht zu laut, sondern dezent. Im Hintergrund. Bobby Hebbs allseits bekannter Ohrwurm »Sunny« klingt also durch den Raum, und der Mann hinter dem Tresen gießt den Milchschaum vorsichtig über den Espresso. Könnte es doch immer so entspannt, so ganz ohne Hektik zugehen wie in »Herbert'z Espressobar«, die seit mehr als einem Vierteljahrhundert schon eine Art zweites Wohnzimmer für die Bewohner des Heusteigviertels ist. Hier, in schöner Hanglage, zeigt sich die Metropole gediegen-alternativ. Dazu passen der abgewetzte Charme des Cafés, die Patina, die unzähligen Bilder, die an den Wänden kleben, perfekt. Morgens gibt es im »Herbert'z« einen schnellen Cappuccino oder ein ausgiebiges Frühstück, mittags werden leckere, einfache Bistrogerichte aufgetischt, und später am Nachmittag kann man sich hier auch wunderbar das erste Feierabendbier bestellen.

Immenhofer Str. 13, U-Bahn Österreichischer Platz, cafe-herbertz.de

---

NIPPES UND HIPPES

48 SUCH & FIND

Ein Paradies für Sammler. Was liebevoll in den Regalen präsentiert ist, wird auch verkauft: von Spielzeugautos bis zu alten Landkarten.

Mozartstr. 38, U-Bahn Österreichischer Platz suchundfind-stuttgart.de

FOTO: ISABELA PACINI

Bunte Auswahl: Der Secondhandladen »Vintage Markt« bietet viele originelle Teile an

49-56

MITTENDRIN AM MARIENPLATZ

Der Marienplatz war früher Niemandsland. Heute ist er Stuttgarts urbaner Szenetreff. Denn das Quartier besticht durch ungewöhnliche Läden und spannende Ideen

Erst ungeliebt, jetzt angesagt – der Marienplatz

Hoher Suchtfaktor: das Eis in der »Gelateria Kaiserbau«

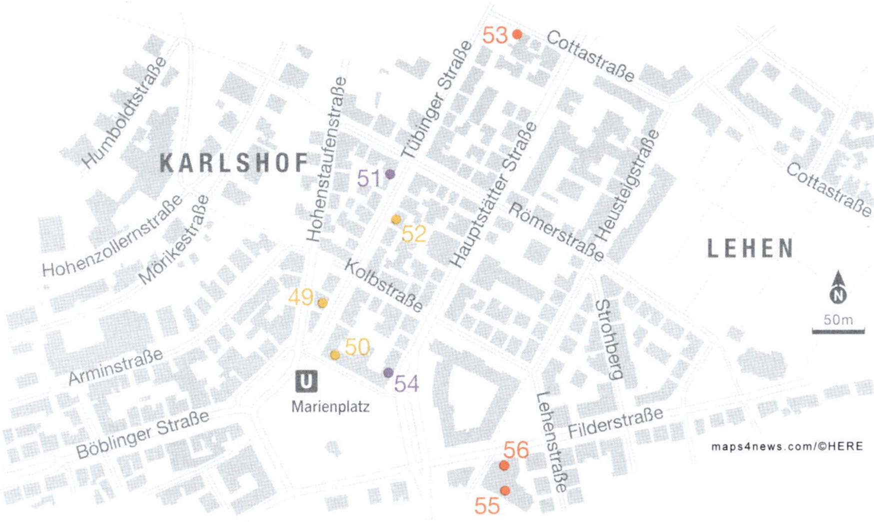

Treffpunkt und treibende Kraft am Marienplatz: das »Café Galao« und sein Besitzer Reiner Bocka

49 **CAFÉ GALAO**

Bar, Live Venue, Restaurant, Café mit sehr eigener Note. Am schönsten ist es hier, wenn eines der Gratiskonzerte mit Indie-Musikern läuft.

Tübinger Str. 90
galao-stuttgart.de

50 **GELATERIA KAISERBAU**

Das Eis, das in dem hübschen Café im Kaiserbau verkauft wird, ist wirklich klasse.

Marienplatz 14

51 **VINTAGE MARKT**

Altes Zeug für junge Großstädter: Wer sich im »Vintage Markt« einkleidet, wird schnell zum bunten Hund.

Tübinger Str. 74
vintage-markt-stuttgart.de

52 **MISCH MISCH**

So köstlich schmeckt Kaffee selten, die Atmosphäre ist sehr, sehr entspannt.

Tübinger Str. 95

Die Bühne ist klein und der Sänger ein schräger Typ. Martin Baltser, dänischer Singer und Songwriter, singt im Falsett von der Liebe und ihren Irrwegen, über seinem Kopf dreht sich eine Discokugel. Der Laden ist gut besucht, wie eigentlich immer, wenn hier eines der Gratiskonzerte läuft. Aus der Bar im Souterrain erkennt man, dass draußen auf der Straße noch unzählige andere durch die Nacht ziehen. In den Bars und Restaurants auf der Tübinger Straße und am Marienplatz tobt das Leben.

Das war nicht immer so. »Vor zehn Jahren war hier noch Niemandsland«, sagt Reiner Bocka, der das **Café Galao,** in dem regelmäßig Indie-Musiker wie der Däne Baltser auftreten, betreibt. Er wählt die Bands aus – und beherbergt sie auch, seine schmucke Altbauwohnung befindet sich gleich nebenan. Bocka sitzt auf einem Holzhocker auf dem Trottoir vor der Bar, nippt am Espresso, zieht an der Zigarette. »Damals war das perfekt, dass es hier nichts gab, dadurch hatten wir Narrenfreiheit«, sagt der Mittfünfziger. Erfahrung, wie man eine Bar führt, hatten er und seine zwei Mitstreiter so gut wie keine, als sie das »Galao« 2009 aufmachten. »Wir haben improvisiert, so entwickelt man eine eigene Handschrift.«

Die Geschichte des Marienplatzes und der angrenzenden Tübinger Straße ist wirklich ungewöhnlich. In den 1990er Jahren galt der damals noch grüne Platz im Süden der Stadt als Treffpunkt der Junkies und vielen deshalb als No-Go-Area. Die Stadtplaner antworteten mit einem radikalen Schritt: 2003 wurden Bäume gefällt und der Marienplatz in eine Betonwüste verwandelt. Zunächst fremdelten die Menschen im Viertel mit dem neu gestalteten Ort, doch dann entfaltete er plötzlich und unerwartet eine enorme Anziehungskraft. Im Kaiserbau eröffneten Cafés, die Anwohner und bald auch immer mehr Menschen aus anderen Stadtvierteln und schließlich die Touristen eroberten sich den öffentlichen Raum. Heute ist Stuttgart wohl nirgendwo lebendiger als auf dem anfangs so ungeliebten Platz. Vor allem beim Marienplatz-Festival, das einmal im Jahr steigt. Dann geben vier Tage lang Bands bei freiem Eintritt Open-Air-Konzerte. Organisiert wird es von »Café Galao«-Betreiber Reiner Bocka. Nicht nur deshalb halten viele ihn für den Motor hinter der Erfolgsgeschichte des Quartiers.

Natürlich kam mit dem Aufschwung des Marienplatzes auch die Gentrifizierung, doch allzu »posh« und gleichförmig ist die Gegend zum Glück nicht geworden. Auf der Tübinger Straße reihen sich türkische Friseurstuben, Handwerksbetriebe, Secondhandläden, Galerien und edle Bars aneinander. Eine Heterogenität wie hier ist in den anderen Hipstervierteln des Landes selten geworden. Am Marienplatz kann man angesagte Adressen wie die Edel-Pizzeria

FOTOS: CHRISTOPH MÜLLER (5), KARTENILLUSTRATION: JOCHEN SCHÄFERS

Bei »Ratzer Records« findet jeder seine Lieblings-LP – auch Bowies Konzeptalbum »Ziggy Stardust«

»L.A. Signorina« besuchen oder sich in die oft endlos lange Schlange der **Gelateria Kaiserbau** einreihen. Man kann sich, wie es an den Sommerabenden oft Hunderte tun, aber auch einfach mit einem Sixpack Bier auf die Betontreppen hocken und Freunde treffen. »Es fasziniert mich, dass hier alle, egal, ob Banker, Künstler, Obdachloser oder Familienvater, aufeinanderprallen«, sagt Reiner Bocka.

Läden mit ganz eigenem Charme gibt es im Quartier jede Menge. Zum Beispiel der **Vintage Markt.** In dem Secondhandladen mit seiner Instagram-tauglichen Café-Ecke gibt es knallbunte Hemden, Norwegerpullis oder Stone-Washed-Jeansjacken zu kaufen. Ein altes Rennrad hängt an der Wand, dazu läuft Soul oder Hip-Hop. Fantastischen Kaffee bekommt man nur ein paar Schritte weiter im **Misch Misch.** Mit den netten Baristas, die dort hinter der Theke stehen, ist man schnell in ein Gespräch über Röstaromen und die Besonderheiten einzelner Kaffeesorten verwickelt. Eine spannende Adresse ist auch die **Galerie Kernweine** in einem Haus mit reichlich Patina auf der Tübinger Straße. In den vorderen Räumen gibt es ein hübsches Café, dahinter liegt eine Galerie, in der junge Künstler oder Fotografen ausstellen.

Ratzer Records, um die Ecke vom Marienplatz gelegen, ist ein Plattenladen alter Schule. An der Kaffeetheke des Geschäfts sitzen nicht mehr ganz so junge Männer in Hoodies und fachsimpeln über Bassläufe und Gitarrensoli. Wie hier, so stellt man sich vor, muss es wohl auch in dem Plattenladen, dem der britische Schriftsteller Nick Hornby in seinem Roman »High Fidelty« ein Denkmal setzte, zugegangen sein. Viele kommen auch zum Marienplatz, um in die heißgeliebte **Zacke** zu steigen, eine Zahnradbahn, die von hier bergaufwärts in Richtung Degerloch startet. Mountainbiker können auf einem Waggon ihre Räder lassen, durchs Gelände und an Weinstöcken vorbei geht es vom Berg wieder hinab in den Kessel.

Etwas Besonderes ist auch das **Theater Rampe.** Das Off-Theater ist im Depot der Zacke untergekommen, eine im Foyer parkende Bahn ist deshalb keine Seltenheit. Performances, experimentelle Stücke, aber auch Partys stehen auf dem Programm. Langweilig oder durchschnittlich wird es nie, schräg manchmal schon.

Nach dem Konzert im »Café Galao« werden Gläser durchs Publikum gereicht. Jeder gibt hinein, was ihm der Auftritt von Martin Baltser und seiner Band wert war – oder was er zahlen kann. Reiner Bocka: »Jeder ist willkommen zuzuhören. Aber die Spende an die Musiker drückt auch die Wertschätzung aus. Deshalb erwarten wir eine großzügige Spende.« Er steht nun wieder hinter der Bar, die Band packt schon mal die Instrumente ein. Doch die Nacht auf der Tübinger Straße und am Marienplatz, sie ist noch lange nicht vorbei.

53 GALERIE KERNWEINE

Junge Fotokunst, Vorträge, Workshops, eine Auswahl an lesenswerten Magazinen – und guter Kaffee.

Cottastr. 4–6
galerie-kernweine.com

54 RATZER RECORDS

Rares von den Beatles oder Indierock aus Australien? In dem Fachgeschäft lassen sich etliche musikalische Schätze bergen.

Hauptstätter Str. 154
ratzer-records.de

55 ZACKE

Bergfahrt mit Kult-Faktor: Die Zahnradbahn ist ein Stuttgarter Original.

Start am Marienplatz

56 THEATER RAMPE

Bühnenkunst jenseits des Gewöhnlichen: Im »Theater Rampe« treten die Shootingstars der freien Szene auf.

Filderstr. 47
theaterrampe.de

FOTO: GEORG KNOLL

57

Carl Eugens Luxus

Er jagte gern, feierte oft, hatte etliche Geliebte und gönnte sich, wonach ihm der Sinn stand. Gleich mehrere Lust- und Jagdschlösser ließ sich der württembergische Herzog errichten, eines davon ist Schloss Solitude, 1769 im Übergang vom Rokoko zum Frühklassizismus erbaut. Anerkennung dafür kam von einem, der es wissen musste: Casanova bezeichnete **Carl Eugens Hof als den »glänzendsten in Europa«.** Mittelpunkt der Anlage ist der Weiße Saal, in dem die Wände durch korinthische Säulenpaare gegliedert und mit Stuckmarmor verziert sind. Das ovale Deckengemälde in der Kuppel schließt den Raum nach oben hin ab, Carl Eugen ließ sich darauf als erfolgreichen Regenten darstellen, der für Frieden und Wohlstand sorgte. Die Realität war eine andere: Durch seine Prunksucht führte er das Herzogtum an den Rand des Ruins. Wer auf die Aussichtsplattform der Schlosskuppel steigt, kann von dort bis zum Residenzschloss Ludwigsburg schauen. Über die schnurgerade Solitude-Allee folgt der Blick der mehr als 13 Kilometer langen Strecke. Carl Eugen ließ die Allee von 1764 bis 1768 als direkte Verbindungsachse anlegen – auch ein Luxus, den er sich gönnte. In den ehemaligen Kavaliershäuschen, wo einst Hofstaat und Bedienstete untergebracht waren, wohnen und arbeiten heute junge Künstler und Wissenschaftler aus aller Welt. Sie sind Stipendiaten der Akademie Schloss Solitude, die seit 1990 hier ein internationales Artist-in-Residence-Programm etabliert hat, das sich mittlerweile zur festen Größe der Kunstszene entwickelt hat. Manchmal bekommen die Kreativen eine Ahnung von den rauschenden Festen der alten Zeiten: Brautpaare buchen das Schloss gern als Location für ihre Hochzeitsfeiern.

Solitude 1, schloss-solitude.de

FÜR DIE KAFFEEPAUSE

58 KLEINES CAFÉ

Kaffee und leckeren Kuchen gibt's in der historischen Sommerspeise des Herzogs.

schloss-solitude-gastronomie.de

Schloss Solitude ist bemerkenswert gut erhalten, mit Schwung und Eleganz führt die Freitreppe nach oben

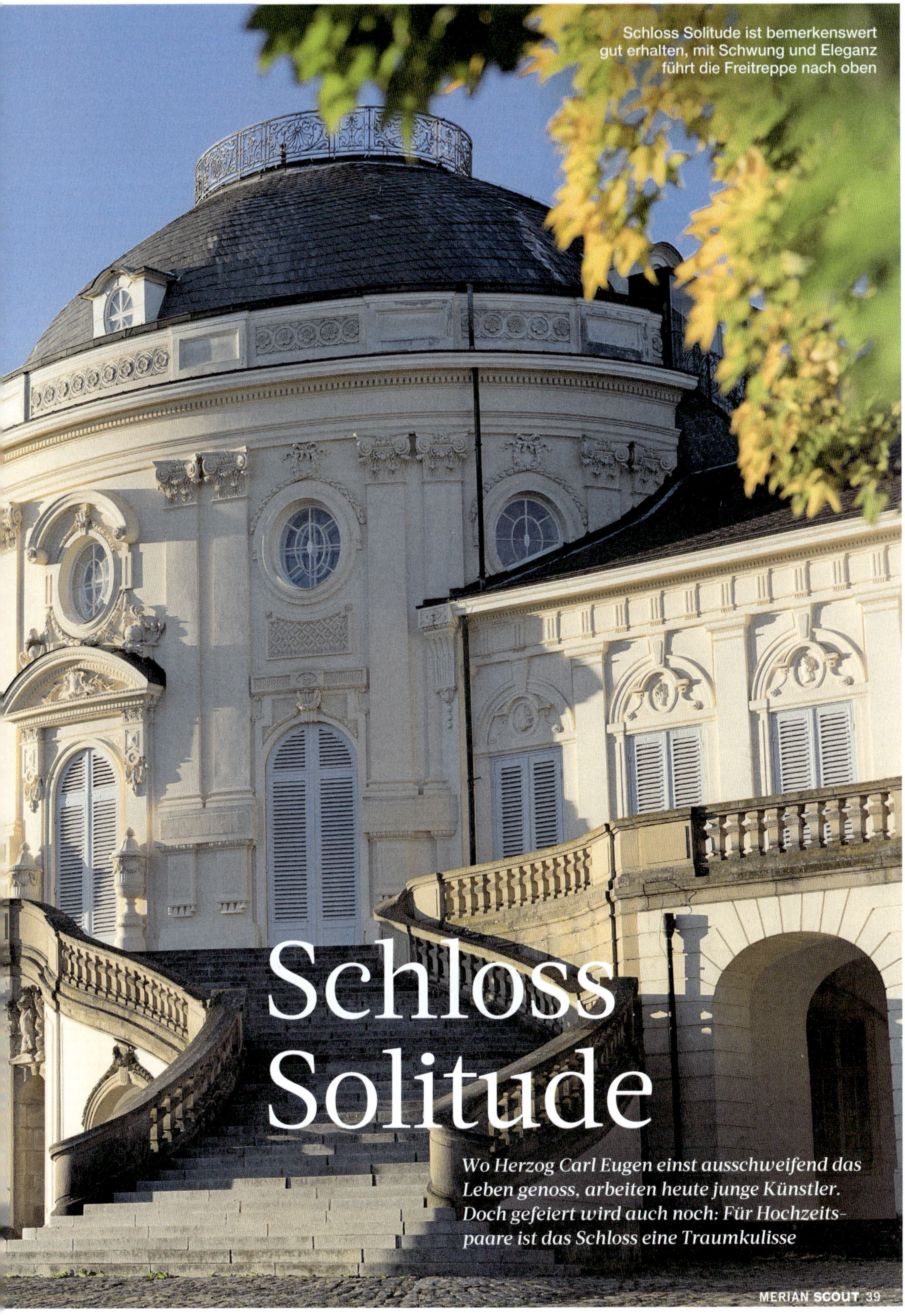

Schloss Solitude

Wo Herzog Carl Eugen einst ausschweifend das Leben genoss, arbeiten heute junge Künstler. Doch gefeiert wird auch noch: Für Hochzeitspaare ist das Schloss eine Traumkulisse

FOTO: MANUEL WAGNER

59

Kunst trifft Genuss

Lederkoffer kamen früher aus dieser Fabrik, Gepäckstücke, mit denen diejenigen durch die Welt reisten, die es sich leisten konnten. Heute geht für viele Stuttgarter die Reise genau hierher: Die alte Kofferfabrik ist passé, das Gebäude seit 1978 ein »Künstlerhaus« mit Werkstätten, Ateliers und viel Platz für Ausstellungen junger Kunst und Vorträge. Doch nicht nur Kunstliebhaber und Kreative treffen sich hier, sondern auch alle, die das **Restaurant im Künstlerhaus** mit seinem wunderschönen Innenhof für sich entdeckt haben. Der Chef heißt Sebastian Werning, er hat schon bei Spitzenkoch Vincent Klink gearbeitet und steht für eine Küche mit besonderem Anspruch: feine Zutaten, raffinierte Kreationen – das Ceviche mit Himbeergazpacho ist eine Wucht – und stilvolle Details, wie die Teller, die aus der hauseigenen Keramikwerkstatt stammen.

Reuchlinstr. 4b, S-Bahn Schwabstraße, kuenstlerhaus.de

SCHÖN DRAUSSEN SITZEN

60 ROTE KAPELLE

Gute italienische Küche, netter Service und von der großen Terrasse freier Blick auf den Feuersee und die Johanneskirche.

Feuerseeplatz 14, S-Bahn Feuersee, rotekapelle.de

61 DIE METZGEREI

Früher Metzgerei, heute Restaurant – und immer noch gibt es hier perfekte Steaks.

Elisabethenstr. 30 U-Bahn Schwab-/Bebelstr. metzgereistuttgart.de

KÜNSTLERHAUS

Eine alte Kofferfabrik ist heute Heimat für Werkstätten, Ateliers und das Restaurant mit dem für viele lauschigsten Innenhof der Stadt

Im Innenhof des »Restaurants im Künstlerhaus« sind die Plätze schnell besetzt

Stuttgart ist ein Weindorf… Von wegen: Mit den ersten Sonnenstrahlen füllen sich die Biergärten. Und zum Frischgezapften gibt's auch eine leckere Mahlzeit, wenn Sie sich an dieser Liste orientieren

AM WASSER UND IM GRÜNEN

KARLSHÖHE

Nur 15 Minuten braucht man vom Marienplatz über die »Willy-Reichert-Staffel« zur Karlshöhe. Sobald es sonnig genug ist, um draußen zu sitzen, hat dort oben der schöne Biergarten geöffnet.

Karlshöhe, Stuttgart
biergarten-karlshoehe.com

62

FLORA & FAUNA

Hier stehen neben Pommes rot-weiß Falafel und Flammkuchen auf der Karte. Die Ledersessel drinnen sind ebenso begehrt wie die Biertische draußen. Und die Atmosphäre? Ganz zwanglos.

Am Schwanenplatz 10, Stuttgart
U-Bahn Mineralbäder
floraundfauna-stuttgart.de

63

STEINER AM FLUSS

Guter Stopp auf einer Radtour entlang des Neckars bis ins Filstal. Das historische Caféhaus und der große Biergarten sind umgeben von viel Grün. Auch die Kinder freut's: Im Brunnen wird geplanscht, auf dem Spielplatz geklettert. An Sonn- und Feiertagen Livemusik.

Im Bruckenwasen 11, Plochingen
steineramfluss.de

64

SCHWANENINSEL

Sie teilt die Rems in zwei Flussarme und beherbergt einen schönen Biergarten. Setzen Sie sich in den Schatten einer der mächtigen Ahornbäume. Nebenan können sich die Kleinen in Ihrem Blickfeld auf dem Spielplatz austoben

Winnender Str. 2, Waiblingen
biergarten-schwaneninsel.de

65

66 *Auf dem Land*

ESELSMÜHLE

Nach einer Wanderung durchs Siebenmühlental muss ein deftiges Vesper her. Das und ein kühles Bier bekommt man in rustikalem Ambiente an Tischen im Grünen bei der »Eselsmühle«. Unbedingt probieren: die selbstgemachten Holzofenbrote.

Eselsmühle, Musberg
eselsmuehle.com

MIT AUSBLICK

WIRTSHAUS FRIEDRICHSRUH

Raus aus dem Kessel, rauf auf die Wangener Höhe – mit Blick auf den Rotenberg. Auf der wechselnden Tageskarte stehen sowohl schwäbische als auch mediterrane Gerichte, darunter: hausgemachte Rindsrouladen oder Rucola-Pesto mit Kirschtomaten. Sonntags gibt's Brunch. Anmelden!

In den Stubenweinbergen 1, Stuttgart, U-Bahn bis Wangener Marktplatz, dann 25 Minuten zu Fuß, wirtshaus-friedrichsruh.de

67

BÄRENSCHLÖSSLE

1768 als Lustschloss von Herzog Carl Eugen von Württemberg erbaut. Brannte seither zweimal nieder. Heute kehren Ausflügler ins neue Schlössle ein: Spaziergänger und Radfahrer, die den Blick auf den Bärensee bei Kaffee, Kuchen und schwäbischen Mahlzeiten genießen. Nicht weit von hier leben in einem Park Rehe und Hirsche. Ganzjährig geöffnet.

Mahdentalstr. 14, Stuttgart
baerenschloessle-stuttgart.de

68

ILLUSTRATION: LENA GLAUCHE

IHR EXKLUSIVER
20€
MERIAN-RABATT*
IHR CODE: 2111-MS-20E
Sioux
Grashopper
NACHHALTIGE SNEAKER
MADE BY SIOUX
WWW.SIOUX.DE/KREPPSNEAKER
100% NATUR-KREPP-SOHLE
VELOURSLEDER
MADE IN GERMANY
* Einlösbar online auf www.Sioux.de oder im Sioux Factory Outlet, Talstraße 17, 74321 Bietigheim-Bissingen. Gültig bis 30.06.2022.
Maximal ein Gutschein pro Einkauf. Mindesteinkaufswert 65 €. Rabattgutschein gilt für unser gesamtes Sortiment.

Bei Spitznamen greift Stuttgart hoch: Der maurische Garten der Wilhelma wird auch »Alhambra am Neckar« genannt

69

69-87
Norden und Osten

WILHELMA · MERCEDES-BENZ MUSEUM
PORSCHE MUSEUM · CANNSTATTER VOLKSFEST
STADTBIBLIOTHEK · TOUR AUF DEM KILLESBERG
LINDEN-MUSEUM

Es trifft sich so einiges in diesem Teil der Stadt: die Anfänge des Automobils, ein hypermoderner Büchertempel, eine Mustersiedlung der Moderne und ein Zoo, der zugleich botanischer Garten ist

---

Wilhelma

Komm, wir gehen in den Zoo! Das sagt in Stuttgart keiner. Richtig heißt es: Wir gehen in die Wilhelma. Denn die Wilhelma, erbaut ab 1842 im Auftrag von König Wilhelm I., ist **Deutschlands einziger zoologisch-botanischer Garten.** Unter Europas Herrschern war damals der maurische Stil en vogue, und so gab Wilhelm entsprechende Gebäude, Gewächshäuser und einen privaten Garten in Auftrag. Rund um den Seerosenteich gruppieren sich prächtige Bauten wie der Pavillon Belvedere und die Damaszenerhalle. Tiere zogen in die Wilhelma erst Anfang der 1950er Jahre ein, als das Areal längst in Staatsbesitz war. Heute leben rund 11 000 von ihnen hier, 1200 Arten sind vertreten, von Affen über Seelöwen, Bären und Tiger bis zu exotischen Insekten. Dazu kommen 8500 Pflanzenarten und -sorten im Park und in den Gewächshäusern. Stolz der Botaniker sind die mehr als 1000 Orchideen. Tipp: Ab 16 Uhr gilt der ermäßigte Abendtarif.
Neckartalstr., U-Bahn Wilhelma, wilhelma.de

FOTO: ISABELA PACINI

70

Der Stern im Süden

Dass die Geschichte des Automobils hier begann und wie sie Stuttgart und die Welt verändert hat, davon erzählt das Mercedes-Benz Museum. Kaum eine Erfindung hat unsere Gesellschaft so revolutioniert wie der Personenkraftwagen. Entsprechend groß ist der Anspruch an dieses Museum gewesen. Und der ist vom niederländischen Stararchitekten Ben van Berkel sehr überzeugend erfüllt worden. Die riesige Eingangshalle aus rauem Sichtbeton erscheint wie eine Kathedrale. Wie in einer Doppelhelix, beschrieb ein Architekturkritiker, verschränken sich in diesem Bau eine aufwärts und eine abwärts gedrehte Spindel. Die Exponate rühmen den Erfindergeist der deutschen Autobauer. Drei Männer, Carl Benz, Gottlieb Daimler und Wilhelm Maybach, stehen für den Aufstieg der Automarke Mercedes-Benz. Man erfährt viel über diese drei und das Unternehmen – aber auch darüber, was sonst noch zu den Zeiten, als all die bekannten Mercedes-Modelle entstanden sind, passierte. **Autogeschichte und Kulturgeschichte werden zusammengebracht.** Vor allem aber sieht man die mit viel Ingenieurskunst entwickelten Fahrzeuge: von Daimlers Motorkutsche von 1886 bis hin zu den neuen Elektro-Modellen. Großes Finale am Ende des Rundgangs: schnittige Silberpfeile aus Stuttgarter Fertigung.

✪ *Mercedesstr. 100, S- und U-Bahn Neckarpark, mercedes-benz.com*

IM VERSTECK

71 GOTTLIEB-DAIMLER-GEDÄCHTNISSTÄTTE

Ganz geheim ging es zu, als Gottlieb Daimler in seinem Gartenhaus in Cannstatt mit Wilhelm Maybach an einem Antrieb für Fahrzeuge »zu Lande, zu Wasser und in der Luft« arbeitete. Keiner sollte mitkriegen, woran die beiden tüftelten. Heute ist das Häuschen, das die Pioniere zum Labor machten, ein Museum.

✪ *Taubenheimstr. 13, U-Bahn Kursaal, mercedes-benz.com*

Als Rennwagen sollte der 300 SLR 1956 Erfolge für Daimler-Benz einfahren, kam aber nie zum Einsatz. Stattdessen wurde das Modell zum »Uhlenhaut-Coupé«, benannt nach dem Leiter der Versuchsabteilung, der es als Dienstwagen nutzte

FOTO: H & D ZIELSKE

Mercedes-Benz Museum

Stuttgart ist Deutschlands Autohauptstadt. Im Museum von Mercedes-Benz erfährt man alles darüber, wie motorisierte Kutschen die Welt eroberten

Porsche Museum

Der Bau: spektakulär kantig. Die Karossen: elegant geschwungen

Unter der Fassade aus metallenen Rauten, die das Gebäude so utopisch wirken lassen, befindet sich ein riesiges Stahlfachwerk, in dem kein Träger dem anderen gleicht – und für den angeblich fast so viel Material eingesetzt wurde wie für den Eiffelturm. In den weißen Ausstellungsraum kommen Sie per Rolltreppe. Der Weg durchs Museum führt linksherum. Links vom Lenkrad, das für Nicht-Porsche-Fahrer, steckt in allen Karossen der Sport- und SUV-Wagenschmiede der Zündschlüssel. Filme, Tondokumente und Autos erzählen die Firmengeschichte. 1920 hatte Ferdinand Porsche noch »beim Daimler gschafft«, 1930 gründete er sein eigenes Werk. Zu sehen sind natürlich alle Porsche-Ikonen, auch **der erste Bestseller, der 356er.**

Porscheplatz 1, S-Bahn Neuwirtshaus (Porscheplatz), porsche.de/museum

FEINES MIT AUSSICHT

73 CHRISTOPHORUS

Einige Besucher zieht es zum Porsche Museum in Stuttgart-Zuffenhausen gar nicht wegen der historischen Autos, sondern wegen des fantastischen Prime Beefs, das im Museumsrestaurant auf den 800 Grad heißen Grill kommt. Gegessen wird mit Blick auf den Porscheplatz und die Produktionsgebäude des Autobauers.

Porscheplatz 1
porsche.de/museum

FOTOS: H & D ZIELSKE, ISABELA PACINI

Cannstatter Volksfest

Das große Leuchten an der Neckaraue

74

Das größte Volksfest Stuttgarts wurde aus der Not geboren. 1818 ließen König Wilhelm I. und seine Frau Katharina an der Neckaraue ein Erntedankfest feiern. Mit ihrem Fest wollten sie ein Zeichen setzen und Hoffnung stiften, denn die Menschen damals hatten mit Missernten und Hungersnöten zu kämpfen. Heute ist das Cannstatter Volksfest, das auf dem **Cannstatter Wasen** stattfindet, vor allem eine große Gaudi. In Lederhose und Dirndl zieht es die Massen auf den Festplatz, ein zünftiger Fassanstich und jede Menge Fahrgeschäfte locken die Feierwütigen. Für viele der schönste Augenblick bei ihrem Besuch: bei Sonnenuntergang im Riesenrad.

23. September–9. Oktober 2022, U-Bahn Bad Cannstatt Wilhelmsplatz, cannstatter-volksfest.de

IN FEIERLAUNE

75

SOMMERFESTIVAL DER KULTUREN

Auf dem Marktplatz trifft sich die Weltmusikszene bei Afrobeats und Balkanpop. Freier Eintritt!

12.–17. Juli 2022, U-Bahn Rathaus sommerfestival-der-kulturen.de

76

TRICKFILM FESTIVAL

Seit 1982: Animationsfilme auf dem Schlossplatz.

3.–8. Mai 2022 U-Bahn Schlossplatz, itfs.de

77

Schöne neue Welt

Sie ist ungewöhnlich schön, aber auch ungewöhnlich anders: die Stuttgarter Stadtbibliothek. Auf Ebene 8 liegt beispielsweise die Graphothek. Sie **verleiht Kunstwerke!** Zeichnungen, Collagen, Radierungen, Fotografien, Aquarelle. Viele der Werke stammen von Künstlern aus der Region, insgesamt umfasst die Sammlung mehr als 2600 Originale. Acht Wochen lang darf man das entliehene Werk bei sich zu Hause behalten. Doch die Graphothek ist nicht das einzige Besondere in der Stadtbibliothek. Bilderbuch-Shows finden für junges Publikum statt, Klassikkonzerte in der Mittagspause. Auf Großbildschirmen im Foyer kann man sich Lesungen von jungen Autoren anschauen. Dass Bibliotheken sich ändern müssen, damit die Menschen weiterhin kommen, predigen Kulturpolitiker seit Jahren schon. In Stuttgart beherzigt man das – und ist damit sehr erfolgreich. Das Haus am Mailänder Platz ist immer voller Leben. Was sicher auch daran liegt, dass das Gebäude, das 2011 eröffnet wurde, so wahnsinnig gut aussieht. Der Südkoreaner Eun Young Yi hat den imposanten Kubus mit quadratischem Grundriss entworfen. Im Inneren glänzt er mit einem riesigen Galeriesaal, der sich nach oben hin weitet. Bunte Farbtupfer sind darin die unzähligen Buchrücken, die die Wände zieren. Und wenn man auf der Dachterrasse steht, liegt einem die gesamte Innenstadt zu Füßen.

☆ *Mailänder Platz 1*
U-Bahn Stadtbibliothek
stuttgart.de/stadtbibliothek

VOLLES LESEPROGRAMM

78 LITERATURHAUS

Die wichtigsten Literaten des Landes schauen hier zur Lesung vorbei, sobald sie ein neues Buch veröffentlicht haben. Eine feine Buchhandlung und ein italienisches Restaurant sind ebenfalls im Haus untergekommen.

☆ *Breitscheidstr. 4, U-Bahn Berliner Platz (Liederhalle)*
literaturhaus-stuttgart.de

FOTO: H & D ZIELSKE

Stadtbibliothek

Was der südkoreanische Architekt Eun Young Yi am Mailänder Platz entworfen hat, ist nicht weniger als das: die Bücherei der Zukunft

Architektur als begehbare Skulptur: der Galeriesaal der Stadtbibliothek

Lars-Erik Prokop, 42, plante die neue Weissenhofwerkstatt in einem Bau von Mies van der Rohe

Le Corbusiers Doppelhaus wurde 2006 zum Museum der Weissenhof-siedlung

79-86

DAS BESTE AM KILLESBERG

Welcher Architekt darf schon in einem Haus von Mies van der Rohe eigene Akzente setzen? Lars-Erik Prokop hatte die Ehre und gestaltete einen Raum in der weltberühmten Weissenhofsiedlung auf dem Killesberg um. Hier sind seine Tipps für eine Tour

Schönheit aus Stahl: Der Aufstieg auf den Killesbergturm ist für Lars-Erik Prokop ein Muss

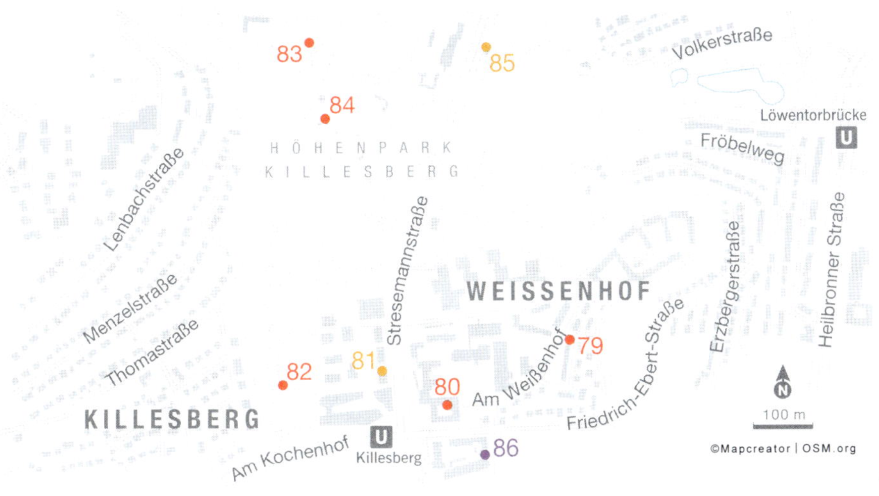

Bei »Alpenweit« verkauft Jutta Schönberger mit Herz und Seele Produkte aus den Bergen

79 **WEISSENHOFSIEDLUNG**

Die Siedlung von 1927 ist eine Ikone des Neuen Bauens, von innen ist nur das Doppelhaus von Le Corbusier zu besichtigen.

Rathenaustr. 1
weissenhofmuseum.de

80 **KUNSTAKADEMIE**

Kreativ-Campus am Killesberg: die Staatliche Akademie der Bildenden Künste.

Am Weißenhof 1
abk-stuttgart.de

81 **BÄCKEREI TREIBER**

Auf der Killesberghöhe bietet das traditionsreiche Familienunternehmen seine Spezialität an: beste Laugenbrezeln.

Stresemannstr. 3
baeckerei-treiber.de

82 **GRÜNE FUGE**

Früher Messe, heute Park: Die »Grüne Fuge« lädt mit »Wiesenkissen« und Bänken zum Entspannen ein.

Am Höhenpark

Wir haben echt in letzter Minute abgegeben, die Nächte davor durchgearbeitet, um noch rechtzeitig fertig zu werden. Und dann haben wir auch noch gewonnen. Das war schon toll!«, Lars-Erik Prokop erinnert sich noch genau, wie es war, damals 2009, als er am Wettbewerb für die **Weissenhofsiedlung** teilnahm. Ausgeschrieben war die Umgestaltung des Informationszentrums im ehemaligen »Milchlädle« zum Raum für Diskussionen und Vorträge – in einem Bau von Mies van der Rohe. Nicht viele Architekten dürfen in Bauten solcher Größen eigene Entwürfe platzieren, Prokop hat es geschafft. Die Weissenhofsiedlung ist Stuttgarts vielleicht größter Architekturschatz, 1927 entstand sie unter der Leitung von Ludwig Mies van der Rohe und gilt bis heute als eines der wichtigsten Zeugnisse der Moderne. Hier sollten Häuser entstehen, die gesundes, günstiges und funktionales Wohnen ermöglichen. Mit dabei waren Meister ihres Fachs wie Walter Gropius, Hans Scharoun oder Le Corbusier. Manche der Architekten entwarfen nicht nur die Häuser, sondern auch die Möbel, kümmerten sich um den Innenausbau und gestalteten die Außenanlagen. Wichtig war ihnen allen ein Auge für die Gesamtkomposition. Auch Prokop hat immer verschiedene Bereiche im Blick. Der gelernte Landschaftsgärtner studierte in Stuttgart Innenarchitektur und leitet heute zusammen mit Steffen Bucher das Büro 12:43 Architekten. Eines seiner Vorbilder ist Le Corbusier, er schätzt »seine Idee des Zweckentfremdens, wie hier aus einem Maschendrahtzaun eine Absturzsicherung wird. Das hat er ja nicht nur an einer Stelle umgesetzt, sondern das zieht sich überall durch. Hier wurde alles aus einer Hand entworfen.« Le Corbusiers Doppelhaus ist seit 2006 Museum. Es erzählt die Geschichte der Siedlung und kann als einziges Haus des Ensembles von innen besichtigt werden. »Zusammenkunft« war das Thema, das Prokop bei seiner eigenen Arbeit in der Weissenhofsiedlung inspiriert hat. In dem ehemaligen Milchlädle der Siedlung finden heute Ausstellungen und Veranstaltungen statt. »Mir war wichtig, die Wände frei und alles Funktionale, wie die Toiletten, hinter großen Türen verschwinden zu lassen. Den Mittelpunkt bildet ein großer, stählerner Tisch. Das ganze Teil wurde in einem Stück angeliefert. Es hat wirklich haargenau hier durch die Tür gepasst«, sagt Prokop. Das Zusammenspiel von praktischer Tätigkeit und freier künstlerischer Gestaltung wird auch an der **Staatlichen Akademie der Bildenden Künste,** nur ein paar Gehminuten von der Weissenhofsiedlung entfernt, praktiziert. Architekt Bernhard Pankok, der 1913 den ersten Bau für die Akademie am Killesberg mitentwarf, setzte sich früh dafür ein, die künstle-

In den Wiesen abtauchen: Seit 2012 lädt die »Grüne Fuge« am Killesberg zum Loslassen ein

Im neu eröffneten »Bellevue« übernimmt Bjoern Boltz (r.) gern die Weinberatung seiner Gäste

rische Ausbildung mit der Praxis zu verbinden. Prokop empfiehlt das »Akademie-Sommerfest«, dort kann man sich bei einem Rundgang die Abschlussarbeiten der Studenten ansehen. Von hier aus geht es bergauf, aber die erste Pause ist nah, denn es lohnt ein Stopp bei der **Bäckerei Treiber,** einem Familienbetrieb mit hundertjähriger Tradition, der hier in einem neuen Umfeld zu finden ist. Das Stadtquartier Killesberghöhe ist seit 2012 die neue Mitte am Killesberg – zum Leben, Einkaufen und Arbeiten. Hier hat das international bekannte Architektenteam von Chipperfield und Co durch eigene Bauten die Weissenhofsiedlung zeitgenössisch als »weiße Stadt im Grünen« interpretiert. Zum Kaffee in der Bäckerei passt bestens eines der süßen Stückle oder eine frisch gebackene Brezel. Lars-Erik Prokop setzt sich mit seinem Kaffee am liebsten auf eine der Bänke in der **Grünen Fuge.** Hier öffnet sich der Stadtraum. Ihm gefällt, dass es hier »so weitläufig und offen ist«, anders als in der Innenstadt. Bis vor einigen Jahren war hier die Messe angesiedelt. Nun bildet der neue Park mit dem angrenzenden Höhenpark den Abschluss des »Grünen U«, das sich über acht Kilometer vom Schlossgarten bis zum Killesberg zieht. Am liebsten würde Prokop hier arbeiten: »Es fehlt nur noch WLAN und ein Stromanschluss, dann wäre es mein ideales Büro.« Von hier aus sieht man auch schon den **Killesbergturm.** Für Prokop ist der Aufstieg ein absolutes Muss. Der 42 Meter hohe Turm wurde 2001 eingeweiht und durch Spenden finanziert, jede der 348 Stufen trägt den Namen eines Gebers. Rund um den Turm erstreckt sich der **Höhenpark Killesberg.** »Das ist der Spot, wo man mit der Familie hinkommt«, sagt Prokop. Man kann in den Grünflächen und an den Wasseranlagen die Ruhe genießen, aber auch die Kinder haben ihren Spaß mit der »Killesbergbahn« oder fahren Karussell auf dem nostalgischen Jahrmarkt. Wenn dann alle hungrig sind, sollte man ins neu eröffnete **Restaurant Bellevue** gehen, das gleich östlich des Parks liegt. Die Betreiber Bjoern Boltz und Alexander Scholz bieten vegetarische und vegane Gerichte an und legen dabei viel Wert auf regionale und saisonale Küche. Auch die hauseigenen Weine werden sehr geschätzt. Prokop mag außerdem das Design, man sehe hier, dass »selbst der Tresen von einem Architekten entworfen wurde«. Noch dazu überzeugt der »schönste Ausblick über Stuttgart«, wie die Betreiber stolz verkünden. Um sich mit Käse fürs Wochenende einzudecken, geht Prokop zu **Alpenweit:** »Das Angebot ist fantastisch, auch die Weinauswahl ist toll.« Chefin Jutta Schönberger kennt die Menschen hinter ihren Produkten, das merke man ihr an, sagt Prokop: »Ihre Liebe zu den Alpen spürt man sofort.«

FOTOS: VOLKER RENNER (5), H & D ZIELSKE; KARTENILLUSTRATION: JOCHEN SCHÄFERS

83 KILLESBERGTURM

Längst Wahrzeichen der Stadt und beliebter Anlaufpunkt für Spaziergänger.

Zugang über einen der Parkeingänge, z.B. an der Stresemannstraße.
killesbergturm.de

84 HÖHENPARK KILLESBERG

Das Naherholungsgebiet erstreckt sich rund um den Turm. Kinder lieben das nostalgische Karussell von 1900.

Eingang z.B. über Stresemannstraße oder Am Kochenhof

85 RESTAURANT BELLEVUE

Vegane und vegetarische Gerichte, hauseigene Weine – und das bei bester Aussicht.

Stresemannstr. 38
bellevuestuttgart.de

86 ALPENWEIT

Die Adresse für leckeren Käse, dazu eine große Auswahl an Produkten aus den Alpen – und richtig guter Espresso.

Birkenwaldstr. 213a
alpenweit.de

»Wo ist Afrika?« Die neue Daueraustellung stellt kritische Fragen und fordert neue Sichtweisen

LINDEN-MUSEUM

Mit Mut und Entschlossenheit übernimmt das Museum für Völkerkunde Verantwortung für die Vielfalt menschlicher Kulturen

FOTOS: HARALD VÖLKL/LINDEN-MUSEUM

87

MERIAN scout: Frau de Castro, Sie leiten seit elf Jahren das Linden-Museum in Stuttgart, eines der bedeutenden Völkerkundemuseen in Europa. Jetzt ist ein Neubau geplant. Wenn Sie es sich aussuchen könnten, wo sollte er stehen?

INÉS DE CASTRO: *Eine Lage auf den frei werdenden Flächen von Stuttgart 21 wäre super. Ein neues, internationales Entree in die Stadt direkt am Hauptbahnhof – vielleicht zusammen mit einem neuen Konzerthaus und einem Kongresszentrum. Das wäre ein starkes Signal für die Kultur und für die gelebte Diversität in Stuttgart.*

Und inhaltlich, wie soll es aussehen?

Es soll eine neue Form von Museum für Stuttgart werden: offen und reflektiert, historisch und aktuell, mit kooperativen Ausstellungen und vielfältigen Sichtweisen.

Sie setzen sich seit Langem für die Rückgabe von Kulturgütern ein, die in kolonialem Kontext zu Unrecht erworben wurden. Benin-Bronzen aus Ihrem Museum sollen jetzt an Nigeria zurückgegeben werden. Ist das Ihr Verdienst?

Nicht allein. Seit Jahren sind wir in der Benin Dialogue Group mit anderen deutschen und europäischen ethnologischen Museen und Gesprächspartnern aus Nigeria im intensiven Austausch. Große Unterstützung kam auch von Seiten des Ministeriums für Wissenschaft, Forschung und Kunst des Landes Baden-Württemberg. Wir müssen aktiv die Verantwortung für unser schwieriges koloniales Erbe übernehmen.

Sie sind in Buenos Aires geboren. Ihr Tipp für das beste argentinische Restaurant in Stuttgart?

Das beste Asado in Stuttgart gibt's beim Sommerfest des Circulo Argentino! Aber sehr nah dran kommen »Los Locos Latinos« in Zuffenhausen (Stammheimer Str. 70).

Hegelplatz 1, U-Bahn Hauptbahnhof
lindenmuseum.de

Haben Sie schon mal eine Nacht in einem alten Jaguar verbracht? Oder in einem Baumhaus mit Fußbodenheizung? Unsere Tipps für außergewöhnliche Quartiere

EXTRAVAGANT

BOUTIQUE HOTEL PFAUEN

Hinter dem historischen Fachwerk überrascht jedes der sieben Zimmer mit modernem Interieur – und trägt den Namen einer berühmten Automobil-Persönlichkeit. Die Grand Suite im dritten Stock ist nach Gottlieb Daimler benannt, der gleich nebenan geboren wurde.

Höllgasse 9, Schorndorf
pfauen-schorndorf.de **88**

ZAUBERLEHRLING

Zwei Häuser, in denen jedes Zimmer einem ganz speziellen Thema folgt: etwa das »Titanic« mit Wasserbett und Bullaugen oder die »Media Suite« mit Beamer und Spielekonsole. In der gern gebuchten Kochschule finden regelmäßig Workshops statt.

Rosenstr. 38, Stuttgart
zauberlehrling.de **89**

V8 HOTEL

Wer alte Autos liebt, wird in Böblingen glücklich einschlafen – etwa in einem smaragdgrünen Jaguar XJ2.S oder einem Nachbau des legendären Film-Käfers »Herbie«.

Charles-Lindbergh-Platz 1
Böblingen, v8hotel.de **90**

EMILU

Stuttgart hat ein neues, echtes Designhotel. Die 90 Zimmer sind mit Parkettboden, original Design-Klassikern und eigens für das Haus gefertigten Möbeln ausgestattet. Das ausgeklügelte Farbkonzept rundet den Entwurf perfekt ab.

Nadlerstr. 4, Stuttgart
emilu-hotel.com **91**

92 *Low Budget*

INTERNATIONALES STUDIERENDENHOTEL

Günstig und auch gut: Jedes der 70 schlicht-schönen Zimmer – mal mit, mal ohne eigenes Bad – verfügt über einen Flatscreen-Fernseher und Internetzugang. Ein solides Frühstück ist inbegriffen, die Lage angenehm zentral.

Neckarstr. 172, Stuttgart
studierendenhotel-stuttgart.de

IDYLLISCH

WALDHOTEL STUTTGART

Zehn Minuten mit der U-Bahn und noch mal fünf zu Fuß: Länger brauchen Sie nicht vom Zentrum zu diesem Wohlfühlort nahe dem Fernsehturm. Das Hotel ist umgeben von einer gepflegten Gartenanlage und die wiederum von Wald. Zudem erwarten Sie ein gutes Restaurant, die »Hotelbar No. 18« sowie Fitnessraum und Tennisplatz.

Guts-Muths-Weg 18, Stuttgart
waldhotel-stuttgart.de **93**

NATUR RESORT TRIPSDRILL

Hier schläft man entweder in Baumhäusern (ganz komfortabel mit Fußbodenheizung) oder im gemütlichen Schäferwagen. Besonders den Kindern gefällt's, auch wegen der Tiere im Streichelzoo und der Achterbahnen im nahe gelegenen Erlebnispark Tripsdrill.

Wildparadies-Tripsdrill-Str. 2
Cleebronn, tripsdrill.de **94**

ILLUSTRATION: LENA GLAUCHE

WÜRTTEMBERGER WEIN

Bestens sind die Bedingungen für das Wachstum der Reben im viertgrößten Weinanbaugebiet Deutschlands. Trollinger, viel Riesling und beeindruckende Rotweine entstehen in Württemberg. Ein Überblick über Weinfeste, Weinwanderungen und Weintouren

Ein Wall aus Wein: Unterhalb der klassizistischen Grabkapelle auf dem Württemberg im Stuttgarter Stadtteil Rotenberg reihen sich die Rebstöcke aneinander

95

WEINWANDERN

Ist das noch Stadt? Aber ja, die besonders im Herbst so schön anzusehenden, farbenprächtigen Weinberge unterhalb der Grabkapelle (Foto) liegen auf Stuttgarter Gemarkung. Und gehören genauso zur DNA der Metropole wie mit reichlich Pferdestärken ausgestattete Autos, Maultaschen und der VfB. Tatsächlich sind **zwei Prozent der Stadtfläche mit Weinreben bepflanzt,** damit dürfte keine andere deutsche Großstadt mithalten können. Die Steillage prägt den Wein in der Gegend: Das macht den Wengertern (so nennen sich die Winzer hier) zwar mehr Arbeit, bringt aber auch anspruchsvolle Tropfen ins Glas. Am schönsten zeigen sich die Stuttgarter Rebflächen auf dem Weinwanderweg, eine elf Kilometer lange Rundtour, die von Obertürkheim über Uhlbach und Rotenberg nach Untertürkheim führt (siehe Karte nächste Seite). Unterwegs macht man eigentlich ständig Halt: an der Kelter vom Collegium Wirtemberg, am Weinbaumuseum mit seiner charmanten Vinothek, bei Winzerbetrieben wie der Weinmanufaktur Untertürkheim, dem Wein- und Sektgut von Christel Currle oder bei der Familie Schwarz (siehe Interview Seite 63). Und natürlich auch an der Grabkapelle auf dem Württemberg, von der man einen atemberaubenden Blick auf die Reben, Stuttgart und ins Neckartal hat.

Start Weinwanderweg: Bahnhof Obertürkheim, stuttgart-tourist.de

FOTO: GEORG KNOLL

WEINTOUREN

1 WEINTOUR PER BUS

Hop-on/Hop-off-Tour für alle, die verschiedene Stuttgarter Weingüter besuchen, aber nicht selbst fahren möchen. Start am Mercedes-Benz Museum. *stuttgart-tourist.de*

2 REMSTAL-RADWEG

Auf den 106 Kilometern durchs idyllische Remstal gibt's viele Gelegenheiten, ein »Viertele zu schlotzen«. *remstal-route.de*

3 WEINWEG FELLBACH

Auf rund vier Kilometern erfährt man Spannendes über die Rebsorten der Region und die Arbeit im Weinberg. *fellbach-weinweg.de*

4 ENZTALRADWEG

Von der Quelle der Enz geht's gut 100 Kilometer bis zur Mündung in den Neckar. Tolle Weingüter und Winzerstuben liegen zwischen Vaihingen und Besigheim. *enztalradweg.de*

5 WEINKANZEL

Steile Weinberge, dahinter das hübsche Besigheim: Die Aussicht am Niedernberg lohnt den Aufstieg. *besigheim.de*

WEINFESTE

6 STUTTGARTER WEINDORF

Zwölf Tage, 120 Weinlauben – jedes Jahr zieht es Hunderttausende ins Zentrum Stuttgarts. *Ende Aug./Anf. Sept.*

7 UHLBACHER GÖTZENBERG

Durch die Weinberge stiefeln und an Ständen tolle Weine probieren. Samstag Open-Air-Konzert. *vrstl. 11.-12.6.2022*

8 FEUERBACHER LEMBERG

Die Lage hat einen hervorragenden Ruf. Fünf Wengerterfamilien kredenzen ihre Schätze. *Anfang August 2022*

9 FELLBACHER HERBST

Das Erntedankfest der Rebbauern. Hier stößt man auf ein erfolgreiches Weinjahr an. *vrstl. 8.-9.10.2022*

10 LUDWIGSBURGER STEILLAGENTAGE

Der Landkreis ist bekannt für spektakuläre Weinterrassen. Im Angebot: geführte Touren und feine Weine. *vrstl. Juli 2022*

11 WEINFEST GROSSBOTTWAR

Beim »Klingenden Weinberg« in Großbottwar-Winzerhausen wandert man von Wengerthäusle zu Wengerthäusle. Dazu gibt's Live-Musik und Wein aus dem Bottwartal. *vrstl. Anf. Aug. 2022*

Warme Abende, gute Weine, beste Laune: das Stuttgarter Weindorf

Gute Lage zwischen den Reben: Blick von der Weinkanzel auf Besigheim

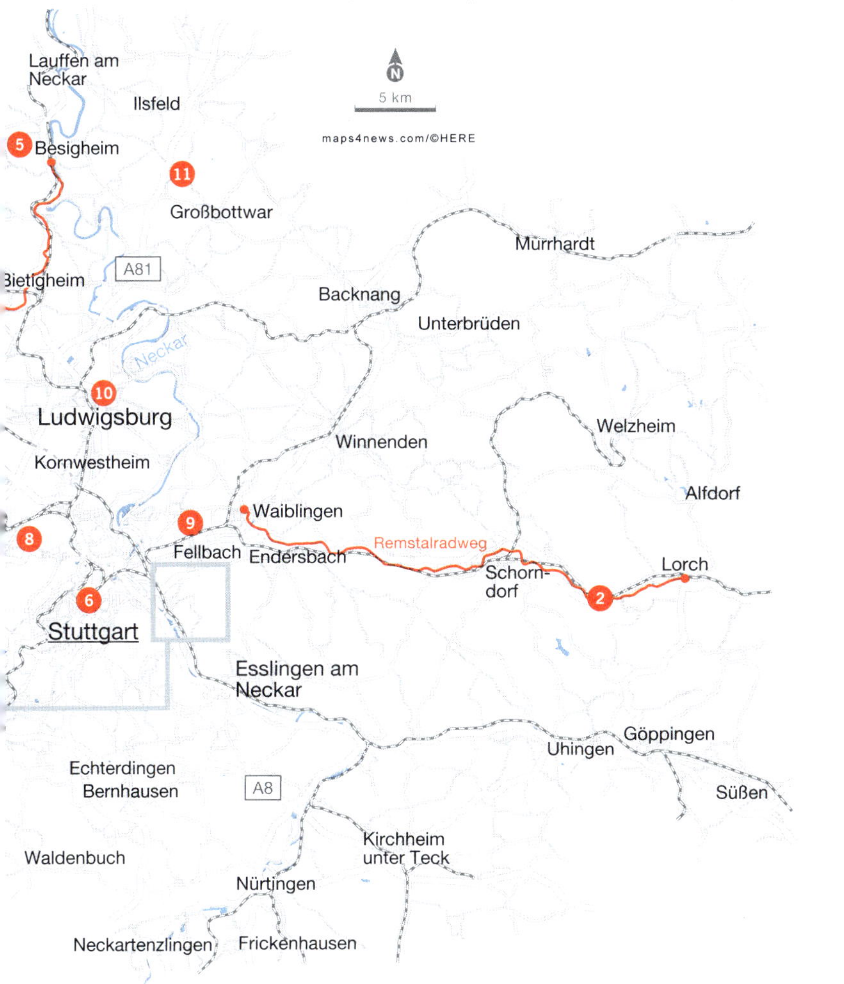

FOTOS: PRO STUTTGART E.V., GEORG KNOLL, WEINGUT SCHWARZ; KARTENILLUSTRATION: JOCHEN SCHÄFERS

»ICH LIEBE DEN LEMBERGER«

MERIAN scout: Stefanie Schwarz, Sie führen Ihr Weingut gemeinsam mit Ihrem Bruder und Ihrem Vater. Sorgt das für große Reibung?

STEFANIE SCHWARZ: *Nein. Man muss sich halt zusammenraufen. Mein Bruder und ich haben aber das Glück, dass unser Vater sehr offen und tolerant gegenüber allem Neuen ist und uns viel freie Hand lässt.*

Es gibt noch immer viele, die über den Württemberger Wein spotten. Zum Beispiel über den Trollinger. Ärgert Sie das?

Ich sage immer: Es lohnt sich, jede Sorte zu probieren. Der Trollinger ist ein leichter Vesperwein, ein Alltagswein. Natürlich kann der nicht mit den großen Rotweinen mithalten. Aber probieren Sie mal einen Lemberger! Das ist unser Flaggschiff, ein sehr kräftiger, ausdrucksstarker Wein, den ich wirklich liebe. Das ist für mich der Württemberger Rotwein überhaupt.

Wie lernt man als Reisender die Weingegend am besten kennen?

Besuchen Sie die Betriebe, reden Sie mit den Winzern, schauen Sie bei den Weinfesten vorbei! Und vor allem: Gehen Sie in die Besenwirtschaften (s. S. 66)! 16 Wochen pro Jahr dürfen diese Weinstuben auf Zeit aufmachen. Eng und gemütlich ist es dort, zum Wein gibt es Deftiges zu essen. Da kann man wirklich in das Leben einer Winzerfamilie hineinschnuppern.

12 Weingut Schwarz, Stuttgart Ötztaler Str. 44, weingut-schwarz.eu

Dunkles Ambiente, aber helle Freude: In der »Weinstube Fröhlich« ist der Name Programm

FOTO: ISABELA PACINI

WEINWISSEN

Dass der Württemberger Wein noch immer mit einem schlechten Image zu kämpfen hat, kann man gar nicht anders als absurd nennen. Seit den 1990er Jahren wird hier auf hohem Niveau produziert. Junge, innovative Weinbauern, die auch im Ausland Erfahrung gesammelt haben, bestimmen heute die Szene. Aber Klischees halten sich eben lang. Und so ist das viertgrößte Weinanbaugebiet Deutschlands für viele Weinliebhaber eine große Unbekannte geblieben. Charakteristisch für die Württemberger Weinregion sind vor allem die Rotweine, die hier gut wachsen, weil sie reichlich Sonne abbekommen. Neben dem »dünnen« Trollinger werden Lemberger, Portugieser, Spätburgunder und Schwarzriesling angebaut. In den vergangenen Jahren haben sich viele Wengerter aber auch immer mehr auf Weißweine spezialisiert. Probleme, ihre Weine zu vermarkten, haben sie übrigens nicht: In keinem anderen Bundesland liegt der Pro-Kopf-Verbrauch höher als in Baden-Württemberg.

WEINSTUBEN – VIEL PATINA, ABER NICHT VERSTAUBT

96 WEINSTUBE FRÖHLICH

Wunderbare Zeitreise: An der Einrichtung – viel dunkles Holz, blankgescheuerte Tische – wurde seit den 1960ern kaum etwas verändert. Die Küche gibt den regionalen Klassikern einen feinen Pfiff.

Stuttgart, Leonhardstr. 5
U-Bahn Rathaus
weinstube-froehlich.de

97 WEINHAUS STETTER

Die Mischung aus Weinstube und Weinhandel hat einige Jahre auf dem Buckel, 1902 ging hier der erste Wein über den Tresen. Lecker: das »Schwoba-Trio« aus Maultaschen, Linsen, Käsespätzle.

Stuttgart, Rosenstr. 32
U-Bahn Charlottenplatz
weinhaus-stetter.net

98 WEINSTUBE ZAISS

Herrlich traditionelle Weinstube in Bad Cannstatt. Ausgeschenkt werden nur Tropfen aus eigenem Anbau. Freitags ist Fischtag.

Stuttgart, Erbsenbrunnengasse 5
U-Bahn Bad Cannstatt Wilhelmsplatz, weinstube-zaiss.de

99 VINOTHEK ALTE KELTER

In dem Fachwerkhaus wurde bis in die 1930er Jahre Wein gekeltert. Jetzt bekommt man dort kreativ interpretierte Regionalküche und lässt sich die exzellenten Weine aus dem Remstal schmecken.

Fellbach
Untertürkheimer Str. 33
vinothek-fellbach.info

100 RESTAURANT LAMM HEBSACK

Gekocht wird auf hohem Niveau, auf der Weinkarte stehen mehr als 250 Positionen, sorgfältig ausgewählt von Sommelier Daniel Hasert. Am besten trinkt man einfach so viel es geht und checkt im Hotel ein.

Remshalden
Winterbacher Str. 1–3
lamm-hebsack.de

101 KLEINE TRAUBE

Alte Gemälde, antike Krüge, viel Fachwerk: Hier wird jeder herrlich nostalgisch. Auf der Karte: Klassiker wie Rostbraten und Spätzle.

Esslingen
Franziskanergasse 9
kleine-traube.de

»Besa« heißt im Schwäbischen das, was anderswo Straußwirtschaft genannt wird. Auch wenn die Weinlokale meist nur ein paar Wochen im Jahr geöffnet sind: Gesellig wird's hier garantiert

URIG

WEINGUT ZAISS

Traditionell wird in Besenwirtschaften Wein vom eigenen Gut ausgeschenkt, natürlich auch im Sonnenbesen bei Familie Zaiß. Zum Viertele gibt's schwäbische Gerichte wie Maultaschen. An elf Tagen im August feiern sie auf ihrem Weingut ihr alljährliches Haus- und Hoffest.

Uhlbacher Str. 23, Stuttgart
S-Bahn Obertürkheim, zaiss.com **102**

ZUM DREIMÄDELHAUS

Qualität statt Masse: Dafür steht Christel Currle. 2017 wurde sie vom Magazin »Selection« zur Winzerin des Jahres gekürt. Ihre Weine und auch ihr Sekt können in der hauseigenen Wirtschaft verkostet werden.

Tiroler Str. 17, Stuttgart
Bus 62 bis Uhlbach
besenwirtschaft-stuttgart.de **103**

BEI D'R ELSBETH

Typische Besenatmosphäre finden Sie auch bei d'r Elsbeth, die offiziell Besenwirtschaft Gohl heißt. Viele sichern sich schon nachmittags einen Platz und bleiben dann doch bis abends. Probieren Sie unbedingt die Fleischküchle.

Epplestr. 54, Stuttgart, U-Bahn
Degerloch, beiderelsbeth.de **104**

KINZINGER BERGHOF

Keine Scheu! Setzen Sie sich ruhig zu Fremden an den Tisch und stimmen Sie mit ein ins fröhliche Schwätzen und Anstoßen. An vier Tagen um Christi-Himmelfahrt sogar mit Live-Musik.

Bonlander Steige 18, Vaihingen an
der Enz, kinzinger-berghof.com **105**

106 *Kulturbesen*

KRUG

Diese »Besa« ist eine Institution. Bei Jürgen Krug, bekannt als der »Besenwirt mit dem roten Schal«, gibt's zum selbstgemachten Sauerkraut regelmäßig Kleinkunst. Dann wird's eng in der Stube. Also unbedingt reservieren unter 0711 859098.

Wildensteinstr. 24, Stuttgart, U-Bahn
Föhrich, besenwirtschaft-krug.de

MODERN

BAUERLES

Besen, neu interpretiert: Auf die Tische der modernen Räumlichkeiten kommen die Weine von Jungwinzer Johannes Bauerle. Auf der Speisekarte stehen je nach Saison entweder Rind oder Gans aus eigener Freilandhaltung sowie Spargel aus eigenem Anbau. Geöffnet hat die Wirtschaft fast das ganze Jahr über.

Höhe 1, Fellbach
bauerle-fellbach.de **107**

WEINGUT KNAUSS

In der Regel haben Besen nicht mehr als 40 Plätze. Bei Familie Knauß hat es bei schönem Wetter weit mehr. Dann können Sie auch draußen sitzen, mit herrlichem Blick ins Remstal. Ideal als Zwischenstopp auf dem Skulpturenpfad Strümpfelbach. Im Neubau nebenan finden regelmäßig Veranstaltungen statt: Weintreffs, Jahrgangsverkostung oder Sommerweintage.

Nolten 2, Weinstadt
weingut-knauss.com **108**

ILLUSTRATION: LENA GLAUCHE

MADE IN STUTTGART

Schneebergle, die es nicht nur im Winter gibt, und eine Uhr, die Zeit für uns in Worte fasst: eine kleine Auswahl unserer Lieblingssouvenirs

109

SPEICK SEIFE

Kaum jemand kennt die kleine, in den Bergen wild wachsende Speick-Pflanze. Bekannt ist dagegen das Familienunternehmen, das sich nach ihr benannt hat. Der Anthroposoph Walter Rau gründete 1928 in Stuttgart sein »Feinseifenwerk«. Seine Idee: die kostbaren Wirkstoffe der Speick-Pflanze zu nutzen. Funktioniert bis heute. Sehr nachhaltig noch dazu.

ca. 4 Euro, z.B. im Werkverkauf in Leinfelden-Echterdingen, Benzstr. 9, speick.de

HOCHLAND BOHNENVIERTELE

110

Beim Bohnenviertel-Fest kam Chefin Martina Hunzelmann die Idee, einen ihrer Kaffees danach zu benennen. Es passte alles: die Bohnen, ein gemütliches Viertel und dann auch noch ein viertel Kilo feinster Arabica-Bohnen. Am besten frisch gemahlen aus der Rösterei in Stuttgart-Degerloch oder aus einer der Hochland-Filialen. Seit über 90 Jahren ist Hochland Stuttgarts Lokalmatador in Sachen guter Kaffee.

ab 5,50 Euro, z.B. bei Hochland, Kirchstr. 10 hochland-kaffee.de

111

0711 STORE

Die Stuttgarter Vorwahl macht sich gut als Label. Im 0711 Store gibt's Souvenirs für Freunde der Stadt, wie diesen Ledershopper mit clever-dezent präsentiertem Fernsehturm als einem der Stuttgart-Stars. Außerdem im Angebot: T-Shirts, Vesperbrettle und Trinkflaschen.

79 Euro, Senefelderstr. 52, 0711store.de

112

AJONA ZAHNCREME

Zugegeben, eine Zahnpasta ist ein ungewöhnliches Mitbringsel, aber die kleine rote Tube ist nun mal ein hier geborenes schwäbisches Musterkind. Erstens: sparsam, eine linsengroße Menge reicht aus. Zweitens: innovativ, weil ohne jedes Mikroplastik.

ca. 1,25 Euro, z.B. im Gerber Center Tübinger Str. 26, ajona.de

113

GOLDELSE

Dass der Eierlikör wie bei Oma schmeckt, ist hier als höchstes Lob gedacht. Neben vielen Bio-Eiern sorgt Bourbon-Vanille für den intensiven Geschmack. Fans lieben die leicht dickliche Konsistenz der »Goldelse«. Weil es Spaß macht, dem fast schon leeren Glas noch den letzten Tropfen abzuluchsen.

ab 9,90 Euro, nach Anmeldung in der Rosenbergstr. 88 goldelselikoer.de

114

QLOCKTWO

Diese Uhr braucht weder Zeiger noch Zahlen, weil sie die Zeit buchstäblich lesbar macht. Fünf Linien ihrer Uhr ohne Zahlen haben Marco Biegert und Andreas Funk schon entwickelt und sind dafür mit Auszeichnungen überhäuft worden. Die W-Serie (Bild) gewann den IF Design Award, einen der wichtigsten Designpreise der Welt. Zu haben in gut 20 Sprachen und Dialekten, darunter Katalanisch, Schweizerdeutsch und Schwäbisch.

ab 650 Euro, im Store Eberhardstr. 6 oder über qlocktwo.com

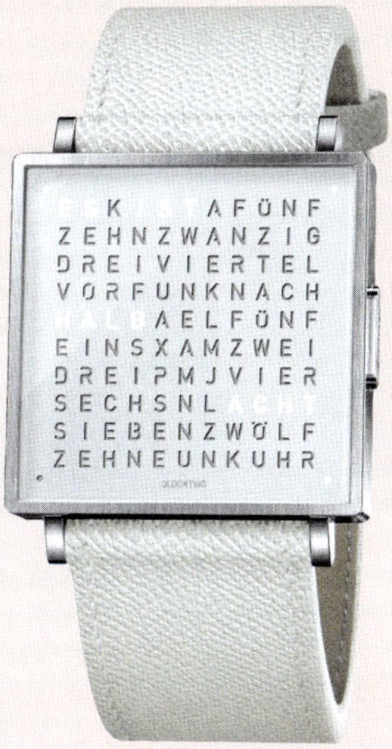

115

SCHNEEBERGLE

Wie Schnee schmelzen sie auf der Zunge. Diese kleinen weißen Berge kommen aus der Konditorei Nast mitten in Stuttgart. Erfolgsrezept: Hier kommen nur frischestes Eiweiß und feinster Zucker rein.

100-Gramm-Beutel 4,50 Euro, z.B. im Stammhaus in der Esslinger Str. 40 oder über cafenast.com

116

BÜRGERS MAULTASCHEN

Sie sind der Klassiker der schwäbischen Küche und Traditionsprodukt des Familienbetriebs Bürger. Wie sie am besten schmecken? Da scheiden sich die Geister: Die einen lieben sie in Butter gebraten, die anderen in Brühe erhitzt.

ca. 1,50 Euro. Werkverkauf: Ditzingen, Zeissstr. 15 und Crailsheim, Roßfelder Str. 69, buerger.de

117

GRASHOPPER

Okay, bei diesem Modell passt die Farbe nicht wirklich zum Namen. Aber große Sprünge können Sie damit wunderbar machen, denn an Bequemlichkeit ist der »Grashopper« von Sioux schwer zu toppen. Der Schuh ist das erfolgreichste Modell des Unternehmens, das 1954 im schwäbischen Walheim gegründet wurde. Das Tolle am Fabrikverkauf: Es gibt nicht nur eine große Auswahl, sondern auch gute Beratung.

ab ca. 80 Euro, Werkverkauf: Bietigheim-Bissingen, Talstr. 17, sioux.de

FOTOS: PR (8), VOLKER RENNER

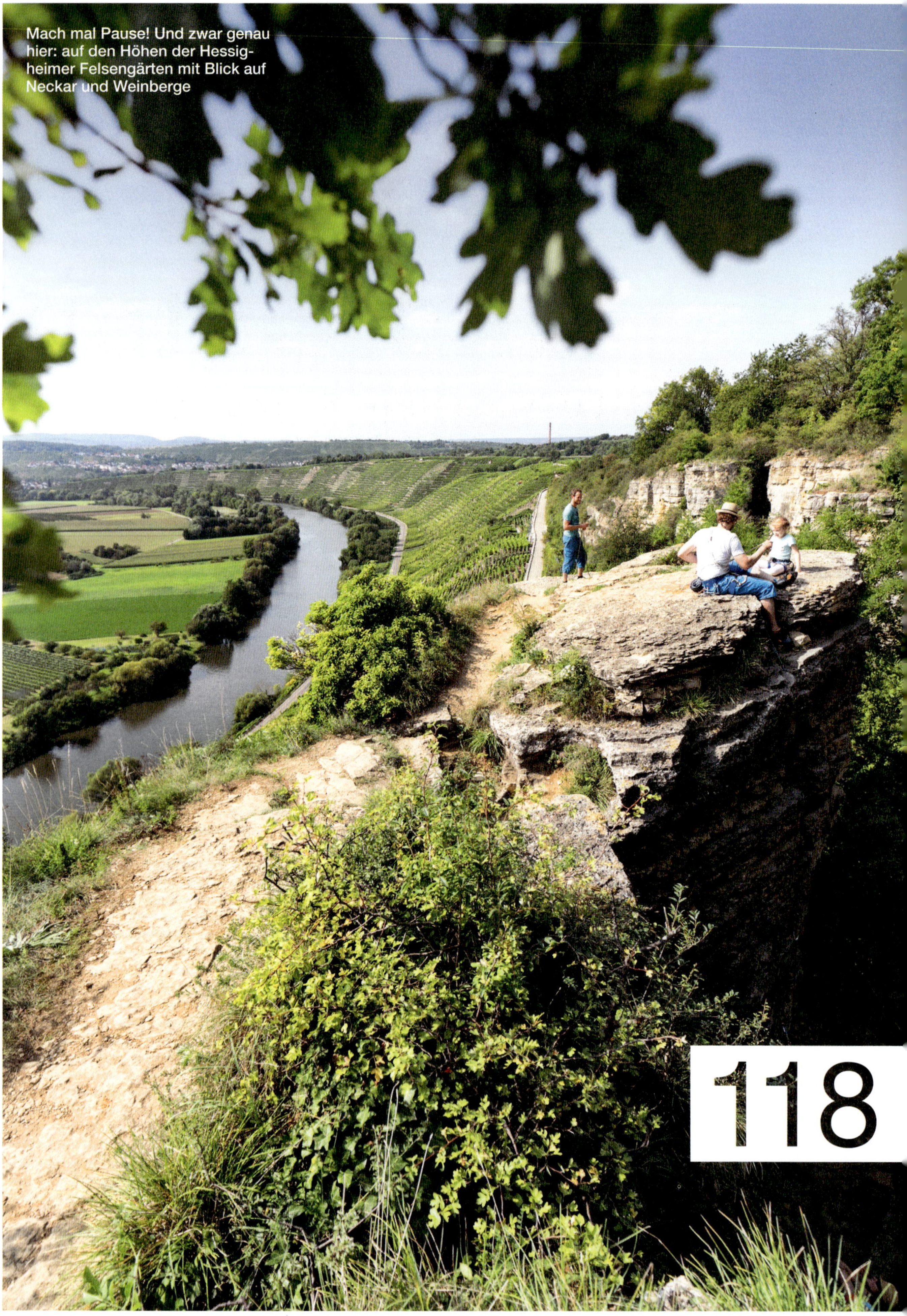

Mach mal Pause! Und zwar genau hier: auf den Höhen der Hessigheimer Felsengärten mit Blick auf Neckar und Weinberge

118

118-151

Umland Norden und Osten

Bottwartal, Ludwigsburg, Schwäbisch Hall, Schwäbischer Wald & Remstal

**HESSIGHEIMER FELSENGÄRTEN · FREILICHTSPIELE
WELEDA · LUDWIGSBURG UND DIE SCHLÖSSER
SKATEPARK WAIBLINGEN · KUNSTHALLE WÜRTH
EBNISEE · MANUFAKTUR B26 · LITERATURMUSEUM
DER MODERNE IN MARBACH**

Neckar und Enz, Bottwar, Murr und Rems: Fünf Flüsse prägen die Region und sorgen für wunderbare Ausblicke. Highlights für Kulturfans gibt's viele, von Ludwigsburgs filmreifen Szenerien bis zu großem Theater in Schwäbisch Hall

---

Ein Thron der Natur

Schroff ragen die Felsen empor, darunter fallen die Weinberge steil ab, noch weiter unten nimmt der Neckar Schwung: Es ist eine Landschaft, die erscheint, **als hätte sie sich ein Maler der Romantik ausgedacht.** Kein Wunder also, dass sich jede Menge Wanderer, idealerweise ausgestattet mit einem Picknickkorb und einem Fläschchen Wein aus der Gegend, in die Felsengärten bei Hessigheim aufmachen. Noch beliebter sind die rauen Muschelkalkfelsen aber bei den Kletterern: Gut 130 Routen vom dritten bis zum neunten Schwierigkeitsgrad führen durch das Revier, Anfänger finden genauso wie Fortgeschrittene die für sie passenden Kletterpassagen. Schon in den 1920er Jahren haben sich hier die Alpinisten versammelt, um für ihre Bergbesteigungen zu trainieren. Aber Vorsicht: Die Felsen liegen im Naturschutzgebiet, geklettert werden darf nur auf den schon bestehenden Routen.

☆ *Hessigheimer Felsengärten*
hessigheim.de

FOTO: GEORG KNOLL

119

Treppen-Akrobatik

Steil, richtig steil geht es runter. Und die 54 Stufen sind alles andere als breit. Hier Theater zu spielen »ist eine Herausforderung«, sagt Christian Doll, Intendant der Schwäbisch Haller Freilichtspiele, einem Sommertheaterfestival mit langer Tradition. Bühne für die großen Produktionen ist die Treppe vor der imposanten Stadtkirche St. Michael. Von den Darstellern wird also nicht nur Ausdruck, sondern auch Akrobatik verlangt. Doll hat den Open-Air-Event modernisiert, nicht mit der Brechstange, sondern in kleinen Dosen. **»Was Neues probieren«**, so drückt er es aus. Dafür hat er neben der Treppe auch noch ein besonderes Haus: Das Neue Globe ist ein Theater, wie es Shakespeare gefiele, mehr noch: Es ist eine Hommage an das Londoner Globe Theatre, in dem seine Stücke aufgeführt wurden. Eigentlich hatte Schwäbisch Hall sein Globe nur als Provisorium geplant. Seit 2019 steht fest: Der Bau auf der Kocherinsel bleibt. Wer Theater wie im elisabethanischen Zeitalter erleben möchte, sollte hier reservieren.

Schwäbisch Hall, Große Treppe vor St. Michael und Neues Globe
freilichtspiele-hall.de

JAZZ UND SCHATZ

120 JAZZ ART FESTIVAL

Konzerte in der Kirche und im Museum: Das Festival bringt spannende Protagonisten der Jazzszene in die Stadt.

Schwäbisch Hall, Hospitalkirche und Kunsthalle Würth
jazzart-hall.de

121 KLOSTER GROSSCOMBURG

Auf einem Bergrücken bei Schwäbisch Hall liegt das über 900 Jahre alte Kloster Großcomburg – bekannt für einen kostbaren Schatz: einen riesigen, vergoldeten und mit Medaillons, Figuren und Ornamenten geschmückten Radleuchter.

Schwäbisch Hall
Comburg 5
kloster-grosscomburg.de

FOTO: UFUK ARSLAN/FREILICHTSPIELE SCHWÄBISCH HALL

Freilichtspiele

Schauspieler müssen hier doppelt Haltung zeigen: Ihre Bühne ist eine steile Treppe und der Anspruch hoch. »Wir spielen Volkstheater, ohne altmodisch zu sein«, sagt der Intendant des Schwäbisch Haller Theaterfestivals

Große Szene auf halber Treppe: Hugo von Hofmannsthals »Jedermann« auf den Stufen vor der Kirche St. Michael in Schwäbisch Hall

Weleda

Wer nachhaltig denkt, greift gern zu Cremes und Shampoos von Weleda. Wie das Unternehmen tickt, spürt man im Erlebniszentrum bei Schwäbisch Gmünd

Gesunde Blüte: Im Heilpflanzengarten von Weleda werden Ringelblumen für die Calendula-Cremes gepflückt

122

Gut gepflegt

Die Zeit der Calendula ist gekommen. Ein Meer aus Ringelblumen wogt im Heilpflanzengarten von Weleda. Sorgfältig werden die orangefarbenen Blüten gesammelt, um sie gleich nebenan in der Tinkturenherstellung des Kosmetikunternehmens in Wetzgau bei Schwäbisch Gmünd zu hochwertigen Salben, Cremes und Ölen zu verarbeiten. Für den Schritt von der Pflanze zum Pflanzenextrakt sind kurze Wege wichtig, um die hohe Qualität der Rohstoffe aus dem biologisch-dynamischem Anbau aufrechtzuerhalten. Der 20 Hektar große Heilpflanzengarten, in dem rund 160 verschiedene Arten angebaut werden, ist ein Teil des Weleda Erlebniszentrums mit angeschlossenem Laden. Hier kann man vom Geist dieser außergewöhnlichen Firma etwas spüren. Gegründet wurde Weleda schon 1921. Rudold Steiner, der Waldorfschulen-Erfinder, hatte sich dafür mit einer Ärztin und einem Chemiker zusammengetan. Schon damals war der Anspruch klar: Alles, was produziert wird, soll gleichzeitig **pflegen, gesund machen und die Umwelt schonen.** Das hat Erfolg: So mancher auf Nachhaltigkeit setzende Großstädter schwärmt für die Produkte und gibt dafür auch gerne ein paar Euro mehr aus. Führungen durch den Weleda-Heilpflanzengarten werden zwischen Mai und Oktober angeboten.

Schwäbisch Gmünd
Am Pflanzengarten, weleda.de

FAMILIENPARK

123 HIMMELSGARTEN

Gleich um die Ecke vom Weleda-Firmensitz liegt dieser schöne Park, der für Familien viel zu bieten hat: den schlanken, 38 Meter hohen Holzturm »Himmelsstürmer«, eine Minigolfanlage, Wasserspiele, Floßbecken, Holzmurmelbahn und einen Kletterpark.

Schwäbisch Gmünd
Himmelsgarten 6
schwaebisch-gmuend.de

FOTO: DAVID VOELKEL

Durch LUDWIGSBURG mit Jasmin & Felix Mertikat

Gut vernetzt sind die beiden Alumnis der berühmten Filmakademie. Sie leitet das Programm im Kreativlabor Tinkertank, er arbeitet als Illustrator und Brettspiel-Erfinder. Hier ihre Tipps für eine Tour durch eine äußerst kreative Stadt

124 FILMAKADEMIE

Felix: Wir haben beide hier studiert, Jasmin Interaktive Medien und ich Animation – hier haben wir uns kennengelernt! Jetzt bin ich Dozent an der Filmakademie Baden-Württemberg, eine der führenden Filmhochschulen weltweit. Ein spannender Ort: Früher war das hier alles Kasernengelände, abends und am Wochenende gibt's öffentliche Vorführungen im Kino Caligari.

Akademiehof 10, filmakademie.de

125 FANTASY STRONGHOLD

Felix: Sicherlich 200 Brettspiele haben Gunnar und sein Partner Dirk im Angebot, dazu Comics, Bastelmaterial, Würfel und Bücher. Sie führen den Laden seit 1995, und ich kenne Gunnar schon lange. Vor zehn Jahren hatte ich hier meine erste Signierstunde für meinen Comic Jakob. Gunnar testet auch meine neuen Spiel-Erfindungen, und wenn sie auf dem Markt sind, verkauft er sie hier.

Kirchstr. 11, fantasystronghold.de

UNSER PERFEKTER TAG

Beim Brötchenholen mit der Inhaberin quatschen und Cocktails trinken, die nach Freunden benannt sind – in Ludwigsburg sind die Wege kurz und kreuzen sich immer wieder

126 MORGENS

*In der **Bäckerei Rechkemmer** holen wir unsere Brötchen. Wir lieben die Brezeln, das Laugengebäck ist hier etwas ganz Besonderes, und es gibt auch viele Dinkelprodukte. Die Inhaber sind sehr nett und aufgeschlossen und backen auf Wunsch auch mal einen Kuchen ohne Zucker.*

Kaffeeberg 5, baeckerei-rechkemmer.de

127 MITTAGS

*Mit Kollegen treffen wir uns gern im **Pinsa**, hier gibt es richtig gute Pinsa Romana, eine Art Pizza aus dem antiken Rom. Sie soll damals als Opfergabe gedient haben, aber das ist vielleicht eher ein Mythos. Auf jeden Fall kann man die Pinsa in etlichen Varianten bestellen, auch die Auswahl für Veganer und Vegetarier ist groß.*

Seestr. 9, pinsamanufaktur.de

128 ABENDS

*Das **Grävenitz** ist tagsüber Café und abends Bar in barocken Räumen mit schönem Innenhof. Ein Cocktail hier ist nach einer Freundin von uns benannt: In die »Pink Mary« kommt Gin, Zitronensaft und Grenadine.*

Marstallstr. 5, das-graevenitz.de

129

HEIM & SEELE

Jasmin: Ich liebe Einrichtungsgegenstände, deshalb auch diesen Laden! Kirsten, die Inhaberin, kommt ursprünglich aus den USA und hatte hier vor einigen Jahren als Opernsängerin ein Gastspiel bei den Ludwigsburger Festspielen. Dann ist sie hier hängen geblieben.

Eberhardstr. 27
heim-und-seele.de

130

OHNE PLAPLA

Jasmin: Hergen, den Inhaber, habe ich durch ein gemeinsames Projekt kennengelernt. Das Konzept, Lebensmittel ohne Verpackung zu verkaufen, finde ich spannend. Wir sammeln jetzt viele Gläser, die wir hier auffüllen.

Lindenstr. 2
ohneplapla.de

131

Wunschbrille

Jasmin: Alle unsere Freunde kaufen hier ihre Brillen. Anne Rottke und Tanja Reinke haben die außergewöhnlichsten und schönsten Modelle, die teils individuell gefertigt werden. Auch das Interieur ist besonders, denn das Geschäft war ehemals ein Seifenladen. Von der ursprünglichen Einrichtung haben die beiden vieles übernommen und aufwendig aufarbeiten lassen.

Eberhardstr. 24
wunschbrille.net

132

Baklava

Jasmin: Mein Vater kommt aus Palästina, daher ist mir die arabische Kultur wichtig. Radwan Arnous' Geschäft für arabische Süßigkeiten habe ich vor einiger Zeit entdeckt und dann auch gleich das Baklava für unsere Hochzeit hier bestellt. Radwan kam vor fünf Jahren aus Syrien und ist bereits seit über 30 Jahren Konditor. In Aleppo hatte er eine große Bäckerei, die leider komplett zerstört wurde.

Körnerstr. 22

133

LES SENS DE MARRAKECH

Felix: In diesem Geschäft kauft Jasmin die Geburtstagsgeschenke für unsere Freunde und Familie und liegt damit immer richtig. Es riecht hier so gut, eigentlich müsste man den Duft des Ladens einpacken und mitnehmen können. Viele der Kosmetikprodukte werden aus Arganöl gemacht.

Körnerstr. 12, lesma.de

FOTOS: VOLKER RENNER; KARTENILLUSTRATION: JOCHEN SCHÄFERS

Schloss Ludwigsburg

Schwaben hat hier sein Versailles: Das Residenzschloss zählt zu den größten Barockbauten Europas und ist dabei nur das Herzstück einer ganzen Schlösserlandschaft

134

RESIDENZSCHLOSS

Herzog Eberhard Ludwig ließ ab 1704 das Schloss mit einer neuen Residenzstadt errichten. Sein Vorbild war Versailles, und wie der Sonnenkönig veranstaltete er hier rauschende Feste und ließ prächtig inszenierte Opern aufführen. Ähnlich ausschweifend agierte hier später Carl Eugen: Mehr als 100 uneheliche Kinder soll er gezeugt haben, sein prunkvolles Appartement kann besichtigt werden.

Schlossstr. 30
schloss-ludwigsburg.de

136

SCHLOSS MONREPOS

Ein schöner Spaziergang vom Residenzschloss führt durch den weitläufigen Favorite-Park mit bis zu 200 Jahre alten Bäumen hin zum Seeschlösschen Monrepos, einem Meisterwerk des Rokoko. Auf dem See liegen Ruder- und Tretboote bereit.

135 SCHLOSS FAVORITE

1723 als Jagd- und Lustschlösschen erbaut, sollte es zugleich Blickfang vom Residenzschloss gegenüber sein. Seltener Schatz im Innern: die über 200 Jahre alten bedruckten Papiertapeten.

138 MÄRCHENGARTEN

Zu Gast bei Hänsel, Gretel, Rotkäppchen & Co. Seit 1959 verzaubert der Park mit heute über 40 Märchenszenen.

SCHLOSSPARK

Ein Musterbeispiel fürstlicher Gartenpracht: blühende Beete, romantische künstliche Ruinen, Wasserläufe und sogar ein Weinberg gehören zum Ensemble.

Skatepool

BMX-Fahrer und Skateboarder lieben die Anlage am Rand der Waiblinger Innenstadt. Und beim »Vans BMX Pro Cup« tritt hier sogar die Weltelite gegeneinander an

Tabletop, übersetzt Tischplatte, heißt der Stunt, bei dem das BMX-Rad in der Luft auf die Seite gelegt wird

139

Eine super Bowl

Sydney. Mexiko-City, Singapur, Huntington Beach. Und Waiblingen. Waiblingen? Ja, das kleine Städtchen im Remstal hat es unter die weltweit nur fünf Austragungsorte der »Vans BMX Pro Cup Series« geschafft. Der Deutsche Paul Thoelen, der zu den Top 25 »Ridern« zählt, lobt Waiblingen sogar als »absolut coolste Veranstaltung der Tour, die Vibes dort sind einmalig«. Die Bowl, in der die BMX-Rider die Zuschauer mit unglaublichen hohen Sprüngen und atemberaubenden Drehungen begeistern, steht auf einer Wiese zwischen dem Hallenbad und dem Fluss Rems. Im Rahmen der Remstal-Gartenschau war dieser außergewöhnlich gute BMX-Pool einst entstanden. Doch das Areal taugt nicht nur für **legendäre Wettkämpfe:** Die Anlage aus Beton, deren tiefste Bowl bis zu 2,35 Meter tief ins Gelände eingesenkt ist, macht auch Skateboarder glücklich. Sobald das Wetter mitspielt, trifft man sich am Waiblinger Skatepool, um lässige Lines zu ziehen und waghalsige Tricks zu zeigen.

Waiblingen, An der Talaue 10
waiblingen.de

DURCHS WASSER ZIEHEN

140 AICHSTRUTER STAUSEE

Wie wär's mit einer Abkühlung? Dann ist der hübsch gelegene Aichstruter Stausee eine gute Wahl. Der vier Hektar große Badesee bei Welzheim, eine halbe Autostunde von Waiblingen entfernt, liegt geschützt im Tal, auf den Liegewiesen ist viel Platz. Wer gar nicht mehr weg will, kann auf dem Campingplatz am See sein Zelt aufschlagen. Stellplätze für Camper gibt es auch.

Welzheim
Aichstruter Stausee
welzheim.de

FOTO: PETER OPPENLÄNDER

KUNSTHALLE WÜRTH

Das Museum eines Unternehmers mit Sammelleidenschaft

141

Mit Schrauben hat Reinhold Würth ein Vermögen gemacht, in Kunst hat er ein Vermögen investiert. Er liebe es, Kunstwerke zu sammeln, weil er so einen **»Blick in eine andere Welt«** werfen kann, sagt der Unternehmer. So ist über die Jahre eine spektakuläre Sammlung entstanden. Edvard Munch, Max Beckmann, Maria Lassnig, Robert Rauschenberg, Neo Rauch: Von vielen wegweisenden Künstlern vom 19. Jahrhundert bis heute besitzt Würth, Jahrgang 1935, wichtige Werke. Seine Schätze versteckt der Sammler nicht, sondern stellt sie überall dort aus, wo seine Firma Niederlassungen hat. In Schwäbisch Hall hat er mit der Kunsthalle Würth ein spannend inszeniertes Museum erschaffen.

Schwäbisch Hall, Lange Str. 35
kunst.wuerth.com

ALTE MEISTER

142 JOHANNITERKIRCHE

In der Dependance der Kunsthalle sind die berühmte »Schutzmantelmadonna« von Hans Holbein d. J. und weitere Alte Meister ausgestellt.

Schwäbisch Hall, Im Weiler 1

143 HÄLLISCH-FRÄNKISCHES MUSEUM

In sechs Altstadt-Häusern taucht man in die Geschichte der Region ein.

Schwäbisch Hall, Keckenhof 6
haellisch-fraenkisches-museum.de

FOTOS: JULIA SCHAMBECK/VG BILD-KUNST, BONN 2021, SIMON DUX/ALAMY

EBNISEE

Biergarten, Boote, Baden. Perfekte Szenerie für ein Sommeridyll

144

Hören Sie das Schilfgras leise rascheln? Fühlen Sie die Bewegungen des Wassers? Dass der Ebnisee ein enorm beliebtes Sommerziel ist, das verwundert nicht. Idyllisch liegt er da, drumherum der Wald, die **Liegewiesen, ein paar Feuerstellen, ein netter Biergarten.** An der Anlegestelle schaukeln die Boote, die man ausleihen kann, sachte vor sich hin. Auf der anderen Uferseite hängt an einem Baum ein Seil parat für mutige Wasserspringer. Ein Revier ist der fast sieben Hektar große Ebnisee aber auch für Angler. Seinen Ursprung hatte dieses Paradies vor rund 250 Jahren. Damals staute man hier das Wasser auf, um Brennholz über die Wieslauf in Richtung Rems zu flößen. Der Bau einer Eisenbahnstrecke sorgte für das Ende der Flößerei, der herrliche See ist geblieben.

Kaisersbach, Ebniseestraße

GESCHICHTSSTUNDE

145

KLOSTER LORCH

1102 ließen die Staufer im Remstal ein Kloster errichten. Welch ungeheure Macht und Einfluss das Adelgeschlecht besaß, spürt man bis heute. Im ehemaligen Kapitelsaal ist Hans Kloss' buntes, 30 Meter langes und 4,50 Meter hohes Staufer-Rundbild von 2002 ausgestellt. Sehenswert sind auch Kopien der Lorcher Chorbücher.

Lorch, Klosterstr. 2
kloster-lorch.com

Manufaktur B26

Wo einst Pumpen hergestellt wurden, glänzen heute schmucke Oldtimer. Mittendrin eine Trattoria – der beste Platz, um die Schönheiten hinter Glas zu bestaunen

Auf Hochglanz poliert: Automobilklassiker in der »Manufaktur B26«

146

Autos zum Verlieben

Treten Sie ein ins Reich der Träume! Rund 90 Oldtimer, einer schöner als der andere, parken hier, verteilt auf drei Geschosse. Die schönsten stehen im Eingangsbereich. Und nachdem Sie die Preziosen aus nächster Nähe inspiziert haben, nehmen Sie am besten in der Trattoria Platz, die sich zwischen den Pfeilern des über 130 Jahre alten Fabrikgebäudes eingerichtet hat, und genießen den etwas entfernteren Blick auf die glänzenden Karossen. Das denkmalgeschützte Areal der »Manufaktur B26«, auf dem einst Pumpen hergestellt worden sind, wurde 2016 umgebaut und als **Hotspot für Fans und Besitzer automobiler Raritäten** eröffnet. Seither werden hinter den gläsernen Werkstätten des Oldtimerspezialisten »Müller Classic« die alten Schätzchen restauriert und nebenan im Auto-Pflege-Zentrum poliert. Eine Waschhalle befindet sich ebenfalls in dem Klinkerbau, und TÜV wird auch gleich gemacht. Und es gibt sogar guten Kaffee, denn auch die Kaffeerösterei »Dinzler« hat hier ihren Platz gefunden.

Schwäbisch Gmünd
Becherlehenstr. 26, manufaktur-b26.de

APPETIT AUF MEHR?

147 **FORUM**

Wegen seiner goldfarbenen Fassade und der »löchrigen« Optik ist das Restaurant als »Käsewürfel« bekannt. Besonders gut kann man hier frühstücken – mit Blick auf die Rems.

Schwäbisch Gmünd
Ledergasse 54, forum-gd.de

148 **KETCH MAY BEEF**

Hier stellt man sich seinen Burger so zusammen, wie man es möchte. Bei zehn Käsesorten und 29 Toppings gar nicht so leicht.

Schwäbisch Gmünd
Ledergasse 44
ketchmaybeef.de

149

Sinn und Sinnlichkeit

So hell und freundlich das Haus von außen auch strahlt, seine Schätze lagern im dunklen Raum, in den Glasvitrinen: etwa Schnappschüsse, die der deutsche Beat-Autor Jörg Fauser auf seiner Amerikareise machte, die Totenmaske von Bertolt Brecht, die Pfeife, an der Uwe Johnson beim Wandern paffte, **Manuskripte, Briefe, Tagebuchaufzeichnungen.** Das Marbacher Literaturarchiv dokumentiert das deutschsprachige Literaturleben, wacht über rund 1400 sogenannte Handschriftenbestände, Nach- und Vorlässe, Verlagsarchive und Sammlungen. Und im Literaturmuseum der Moderne, erbaut vom britischen Star-Architekten David Chipperfield, kann man über Teile dieser riesigen Sammlung staunen. Die Ausstellung ist eine sehr sinnliche Erfahrung und längst nicht nur etwas für Bücherwürmer. Spätestens vor Hans Magnus Enzensbergers ratterndem »Landsberger Poesieautomaten«, der per Knopfdruck Gedichte ausspuckt, wird einem das bewusst.

Marbach, Schillerhöhe 8-10
dla-marbach.de

SCHILLERNDES

150 SCHILLER NATIONALMUSEUM

Mit Friedrich Schiller fing alles an. Das 1903 eröffnete Museum über den Dichterfürsten gilt als die »Keimzelle des Deutschen Literaturarchivs«. Die Schau ist faszinierend inszeniert, besonders der Raum mit den so unterschiedlichen Büsten und Porträts des Schriftstellers beeindruckt.

Marbach, Schillerhöhe 8-10
dla-marbach.de

151 SCHILLERS GEBURTSHAUS

Auch das Haus, in dem der Schriftsteller in Marbach zur Welt kam, kann man besuchen. In der Ausstellung erfährt man einiges über die Kindheit Schillers, aber auch darüber, wie es im Lauf der Jahre zur immer intensiveren Verehrung des Literaten kam.

Marbach, Niklastorstr. 31
schillersgeburtshaus.de

FOTO: GEORG KNOLL

Literaturmuseum der Moderne

Handschriften, Nachlässe und sogar Brechts Totenmaske: Auf der Marbacher Schillerhöhe wird der Schatz der deutschsprachigen Schriften bewahrt

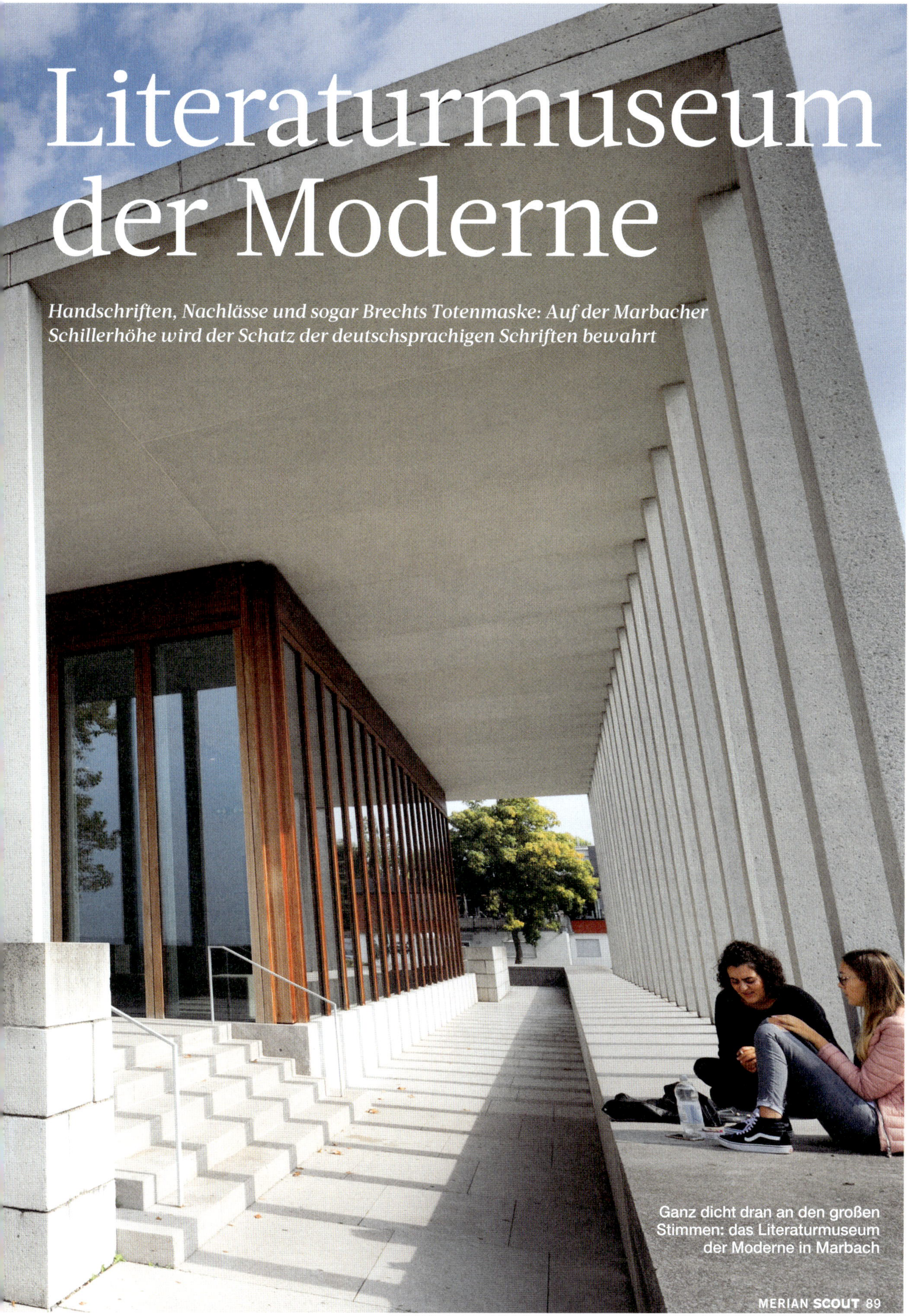

Ganz dicht dran an den großen Stimmen: das Literaturmuseum der Moderne in Marbach

WELLNESS

Müde Beine, verspannter Nacken, einfach mal relaxen oder mit Musik schwimmen – es gibt genügend Gründe, um es sich in einem dieser sieben Bäder gutgehen zu lassen

AUSSICHTSREICH

VINZENZ THERME

Wohlig warmes Thermalwasser sprudelt aus fast 600 Meter Tiefe in die vier Becken des Heilbads – drinnen wie draußen. Nicht verpassen: die Panoramasauna auf dem Dach. Sie bietet einen herrlichen Ausblick auf die umliegenden Berge und die Ruine Hiltenburg.

Kurhausstr. 18, Bad Ditzenbach
vinzenztherme.de **152**

PANORAMA THERME

Ein ganzer Tag im Wasser? Warum nicht! Am Fuß der Schwäbischen Alb erwarten Sie drei Innen- und vier Außenbecken mit Temperaturen von 24 bis 40 Grad. Noch wärmer ist es in der Höhlenlandschaft mit Salz- und Wärmestollen und in den Saunen ein Stock höher.

Am Thermalbad 5, Beuren
panorama-therme.de **153**

MINERALTHERME BÖBLINGEN

Draußen: Nackenduschen, Massagedüsen und Sprudelsitzbänke. Drinnen: sorgt das abendliche Klangbaden mit Unterwassermusik für Entspannung (werktags).

Am Hexenbuckel 1, Böblingen
mineraltherme-boeblingen.de **154**

PARACELSUS THERME

Vor drei Jahren wurde die Therme saniert und modernisiert – und zu einer Wohlfühloase inmitten des Schwarzwaldes. Mit Blick auf den Kurpark und die Burg Liebenzell.

Reuchlinweg 4, Bad Liebenzell
paracelsus-therme.de **155**

156 *Orientalisch*

PALAIS THERMAL

Ein Badetempel, wie man sich ihn erträumt: kunstvoll restaurierte Hallen im maurischen Stil mit Massage- und Sprudelbecken, ergänzt durch finnische Saunen und römische Dampfbäder.

Kernerstr. 5, Bad Wildbad
palais-thermal.de

IN DER STADT

MINERALBAD BERG

»Das Neuner« nennen die Locals dieses Bad. So hieß der königliche Hofgärtner, der es 1856 bauen ließ. Ein kluger Schachzug, denn: Mineralisches Wasser sprudelt hier aus gleich fünf Quellen. Im Krieg zerstört, wurde das Neuner in den 1950ern wiederaufgebaut und erst kürzlich clever generalsaniert, ohne den alten Charme zu beschädigen. Ein Kultbad also, noch dazu mit wunderschöner Parkanlage.

Am Schwanenplatz 9, Stuttgart
U-Bahn Mineralbäder, stuttgarter-baeder.de/mineralbadberg **157**

DAS LEUZE MINERALBAD

Stuttgart besitzt nach Budapest das größte Mineralwasservorkommen Europas. Und das wird genutzt: Im »Leuze« können Sie ausgezeichnet schwimmen und saunieren. Für Kinder bis sieben Jahre gibt es eine Rutsche und ein Planschbecken.

Am Leuzebad 2a, Stuttgart, U-Bahn
Mercedesstraße, stuttgart.de/baeder **158**

ILLUSTRATION: LENA GLAUCHE

159-168

TOUREN

Sie wollen Stuttgart und die Region erkunden? Das geht zu Fuß, mit dem Paddelboot, der Bahn, dem Fahrrad, ja sogar mit dem Segway könnten Sie sich bewegen

WANDERN

159

Um den Göppinger Hausberg herum und über die Felsformation Spielburg führt die rund 3,5 Kilometer lange **Spielburg-Runde,** einer der beliebten »Löwenpfade«. Wer hoch auf die Spitze bis zur anderen Seite des Hohenstaufen wandert, wird mit großartigen Blicken belohnt

Start/Ziel: Dorfplatz Hohenstaufen
loewenpfade.de

160

Die »Blaue Mauer« – so nannte Dichter Eduard Mörike den Albtrauf der Schwäbischen Alb. Unterhalb des Steilabfalls verläuft der 9,5 Kilometer lange **Wanderweg »hochgehfestigt«** durch sonnige Weinberge, über Streuobstwiesen und vorbei an einem erloschenen Vulkan.

Start/Ziel: Panorama Therme Beuren
hochgehberge.de/touren

KANU

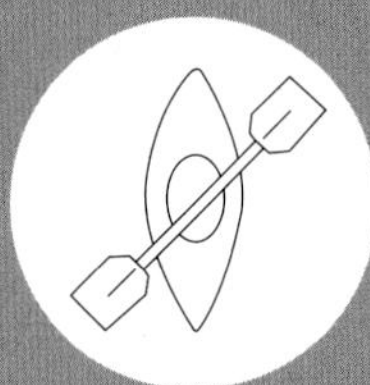

161

Kanu und Wein: was für eine verlockende Kombination – und das auf einem der schönsten Abschnitte des Neckars. Der Kanuverleih »Die Zugvögel« bietet ganzjährig eine geführte Tagestour von Walheim bis zu den Hessigheimer Felsengärten. Von dort geht es mit einem Winzer zum Picknick durch die Weinberge.

Start/Ziel: Mühlstr. 50, Walheim, diezugvoegel.de

162

2019 wurden an der Rems neue Zugänge zum Wasser geschaffen. Und so kann man nun **von Weinstadt-Endersbach nach Waiblingen** paddeln. Alternativ: In Waiblingen auf der Schwaneninsel gibt's von Mitte Juni bis zum Ende der Sommerferien, jeweils an den Wochenenden, einen Kanuverleih.

diezugvoegel.de, waiblingen.de

SEGWAY

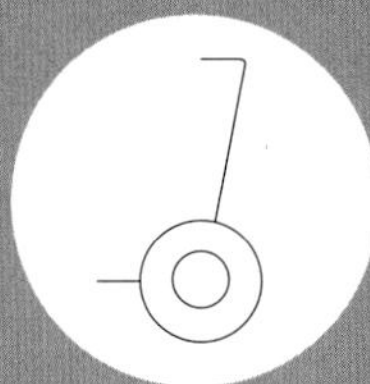

163

Weinberge ohne Anstrengung: Auf dem Segway führt die **Stuttgarter-Weinberge-Tour** vom Uhlbacher Weinbaumuseum auf den Württemberg zur Grabkapelle. Anschließend werden die Segways wieder am Museum geparkt – für eine Weinprobe in der hauseigenen Vinothek.

Start/Ziel: Weinbaumuseum, Uhlbacher Platz 4
Bus 62 bis Uhlbach, stuttgart-tourist.de

164

Rollend zu den Sehenswürdigkeiten der Stadt: Mit »Seg Tour Stuttgart« geht's auf der **Classic Tour** zu Schlossplatz & Co. Geübte Fahrer buchen die Fernsehturm-Tour. Höhepunkt: die 14-Prozent-Steigung zum Hohen Bopser (485 m) hinauf, wo der Fernsehturm liegt.

Treffpunkt: Gerberstr. 17, U-Bahn Österreichischer Platz, seg-tour-stuttgart.de

FAHRRAD

165

Eine der schönsten Radrouten der Region führt von Stuttgart **immer am Neckar entlang** bis in den Weinort Bietigheim-Bissingen. Auf der Strecke: unzählige Weinberge, Wiesen voller Obstbäume und jede Menge Biergärten. Zurück geht es mit der S-Bahn oder Regionalbahn.

Start: Neckar-Anlegestelle gegenüber der Wilhelma, Ziel: Bietigheim-Bissingen

166

Auf den über 60 Kilometern zwischen Weil der Stadt und Nürtingen gibt es 18 Museen zu entdecken. Gut geht das über den **Museumsradweg,** der durch das hübsche Würm- und Aichtal verläuft. Den Start macht das Keplermuseum in Weil der Stadt.

Stadt: Friedhofsparkplatz, Weil der Stadt
weil-der-stadt.de

BAHN

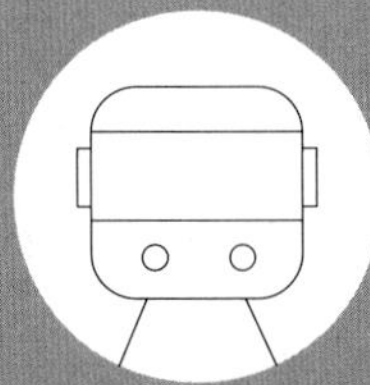

167

Fast lautlos gleitet der eine Wagen steil hinauf zum idyllisch gelegenen Waldfriedhof, der andere kommt auf halber Strecke entgegen. Seitdem Stuttgarts **Standseilbahn** 1929 eröffnet wurde, hat sich an der Technik nicht viel geändert. Und die Fünfminutenfahrt ist noch immer ein Erlebnis.

Start: 150 Meter südwestlich von der U-Bahn-Station Südheimer Platz, ssb-ag.de

168

Von Anfang Mai bis Ende Oktober dampft und zischt es auf der Bahnlinie zwischen Schorndorf und Welzheim. Dann rauschen die historischen Züge der **Waldbahn** über die 23 Kilometer lange Strecke mit drei Viadukten auf die Höhen des Schwäbischen Walds – wie vor 100 Jahren (sonn- und feiertags).

Start: Bahnhof Schorndorf, Gleis 5, dbkev.de

ILLUSTRATIONEN: LENA GLAUCHE

Leuchtfeuer 580 Meter über dem Meeresspiegel: der Schönbuchturm, selbst noch mal 35 Meter hoch

169

169-193 Umland Süden

Schönbuch-Heckengäu, Nordschwarzwald, Schwäbische Alb, Stauferland, Esslingen

SCHÖNBUCHTURM · ESSLINGEN · OUTLETCITY METZINGEN
KUNSTHALLE GÖPPINGEN · MÄRKLINEUM
VOGELHERDHÖHLE · URACHER WASSERFALL · MUSEUM RITTER
MUSEUM DER ALLTAGSKULTUR · BAUMWIPFELPFAD
BAD WILDBAD · SCHAUWERK · SCULPTOURA

Ob im Naturpark Schönbuch oder beim Abstecher nach Bad Wildbad – für den besten Überblick sollten Sie Treppen steigen: erst auf den Schönbuchturm, dann hoch zum Baumwipfelpfad

---

Hin und rauf und weg

Der Weg nach oben ist eine Einbahnstraße. Und ganz oben, in 35 Meter Höhe, reihen sich vor einem die Baumkronen auf, dahinter die hügelige Landschaft. Informationstäfelchen am Rand der Plattform zeigen in Richtung der Bauwerke und Orte, die rundherum liegen: Burg Teck, Burg Hohenzollern, die Salmendinger Kapelle, Sindelfingen. Keine Frage: **Der 360-Grad-Blick vom Schönbuchturm ist traumhaft –** und der Turm, der einem im Naturpark Schönbuch den Überblick verschafft, selbst ein Hingucker. Für die markante Konstruktion wurden mehr als ein Kilometer Stahlseile und Lärchenkernholz aus der Gegend verbaut, die Treppenstufen verlaufen wendelförmig einmal hoch und einmal runter. Ein guter Startpunkt für Wanderungen ist er zudem. Die acht Kilometer lange Turm-Tour führt in die Fachwerkstadt Herrenberg mit ihrem Glockenmuseum. Und gleich um die Ecke liegt ein Kletterpark: der Waldseilgarten Herrenberg.
☆ *Bei Herrenberg, schoenbuch-heckengaeu.de*

FOTO: ANDREAS SPORN

Esslingen

Ein mittelalterlicher Stadtkern, Weinberge und eine Burg: Esslingen ist eine Bilderbuchstadt. Und Heimat der ersten deutschen Sektkellerei noch dazu. Darauf lässt sich anstoßen!

Besondere Perspektive: Blick von der Esslinger Burg über die Reben auf die Stadt

170

Schwäbische Schönheit

Malerisch: So ein Wort nutzt sich schnell ab, aber Esslingen am Neckar hat es durch und durch verdient. Denn das Städtchen mit seinem mittelalterlichen Kern ist tatsächlich so hübsch, dass es wie hingemalt wirkt. Enge Gassen, Kopfsteinpflaster, der am Wasser gelegene Maille-Park, uralte Fachwerkhäuser und gemütliche Weinstuben geben der Stadt ihr Gesicht. Den besten Blick auf die Stadt hat man von der **Esslinger Burg** aus, die eigentlich nie eine echte Burg oder ein Adelssitz war, sondern bloß Teil der mittelalterlichen Stadtbefestigung. Von der Altstadt ist man durch die Weinberge in wenigen Minuten hinaufmarschiert. Im Sommer pilgern die Cineasten dorthin: Das Open-Air-Kino auf der Burg ist ein Publikumsmagnet.

Esslingen am Neckar, Burg 1
esslingen.de

SEKT ODER KAFFEE?

171 CAFÉ KAUZ

Leckere Kuchen, handgemachte Pralinen, Sandwiches und am Wochenende ein gutes Frühstück.

Bahnhofstr. 32
cafe-kauz.de

172 KESSLER SEKT

Der erste Sekt aus Deutschland entstand hier, im Jahr 1826. Seitdem wird in der Kellerei Kessler – wie in der Champagne – nach der Methode der Flaschengärung produziert. Wer probieren möchte, geht in die Sektbar, auch Führungen durch die Keller sind möglich.

Georg-Christian-von-Kessler-Platz 12–16
kessler-sekt.de

FOTO: GEORG KNOLL

Outletcity Metzingen

Ein Paradies für Powershopper: Im Designer-Outlet gibt's Mode von Labels wie Boss, Adidas oder Gucci um einiges preiswerter

Über 500 Labels in einer Stadt in der Stadt: Metzinges Outlet-Center ist das größte und älteste im Land

173

Schwer in Mode

Normalerweise entstehen Outlet-Center auf der grünen Wiese am Stadtrand. In Metzingen aber prägt ein besonders großes Exemplar die Innenstadt – und nennt sich deshalb folgerichtig Outletcity. In den grau-modernen Würfeln, die sich **wie hingeworfene Schuhkartons** über das Areal verteilen, findet sich so gut wie jede heute tonangebende Modemarke: Gucci, Armani, Adidas, Versace, Swarowski und Philipp Plein – alle sind sie da. Auch Modefremdes hat sich angesiedelt: Der Lindt-Store stillt die Lust auf Süßes, bei Tefal, WMF oder Zwilling gibt es Zubehör für die Küche zu günstigen Preisen. Herz des Metzinger Designer-Outlets ist der spektakuläre, 5000 Quadratmeter große Flagshipstore von Boss. Ohne die edle Modemarke hätte die Stadt den Aufstieg zum Paradies für Powershopper sicherlich nie geschafft: Schon in den 1970er Jahren hatte Boss in Metzingen einen Werksverkauf angeboten.

Metzingen, Maienwaldstr. 2
outletcity.com

SÜSSE SÜNDEN

174 DORTE'S MARZIPAN ATELIER

Die bunten, verspielt dekorierten Torten, die Figuren aus feinem Marzipan und die edlen Pralinen, die Konditorin Dorte Schetter zaubert, darf man getrost Kunstwerke nennen. In ihrer gemütlichen Cafébar bekommt man zudem einen köstlichen Espresso. Genau das Richtige, um nach einer ausgiebigen Einkaufstour wieder aufzutanken.

Metzingen, Reutlinger Str. 26, marzipan-atelier.de

FOTO: JOHANNES VOGT

Kunsthalle Göppingen

Ein Haus, in dem der Raum zum Kunstwerk wird

175

Achtung, hier überschreiten Sie eine rote Linie! Und zwar die der Künstlerin Katharina Hinsberg, die sich als Installation »eine Linie im Raum« wünschte und dafür **rote Kugeln aus Knetmasse** an die Decke hängen ließ. Sie schweben scheinbar in der Luft (Foto) und werden dank des Sheddachs auf dem einstigen Industriegebäude auch noch wunderbar durch Licht in Szene gesetzt. Überhaupt: In der Kunsthalle Göppingen hängen Gemälde nur noch selten an der Wand. Immer häufiger widmen sich die Künstler dem 500 Quadratmeter großen Ausstellungsraum in seiner Gesamtheit. Wie auch Bildhauer Stefan Rohrer, der hier Skulpturen aus alten Autokarosserien ausstellte. Im hauseigenen Atelier kann man selbst kreativ werden, im stylischen Café ein Päuschen machen.

Göppingen, Marstallstr. 55, kunsthalle-goeppingen.de

KUNST UND KONZERTE

176

SCHLOSS FILSECK

Keine zehn Kilometer von der Kunsthalle Göppingen entfernt liegt das von den Staufern im 16. Jahrhundert erbaute Schloss Filseck. Oft wechselte es die Besitzer, Anfang der 1970er Jahre fiel es einem Brand zum Opfer. Der Landkreis Göppingen ließ es schließlich wieder aufbauen. Heute organisiert die Kunsthalle Göppingen dort Ausstellungen. Zudem finden Konzerte statt.

Uhingen, schloss-filseck.de

Märklineum

Sie lieben Modelleisenbahnen? Dann lieben Sie auch diesen Laden

Ach, diese Details an den unzähligen kleinen Lokomotiven und Bähnchen, diese niedlichen Miniaturmännchen, die winzigen Telegrafenmasten, die Bäumchen und Autos: Was da in den Vitrinen des Märklin-Ladens steht, bringt Liebhaber von Modelleisenbahnen in Verzückung. 1859 gründete Theodor Friedrich Wilhelm Märklin den Betrieb, der in seiner Branche heute als Weltmarktführer gilt. Märklin wird für seine **schwäbische Präzisionsarbeit** geliebt, bei den kleinen Bahnen stimmt wirklich alles. Eine Ausstellung erzählt die über 160-jährige Geschichte des Unternehmens, zu sehen sind jede Menge historische Spielzeuge, an interaktiven Medienstationen können Besucherinnen und Besucher in die Vergangenheit eintauchen.

Göppingen, Reuschstr. 6, maerklineum.de

BADEN WIE EIN KAISER

178

BARBAROSSA-THERMEN

Barbarossa, dem berühmten Herrscher aus dem Staufergeschlecht, wird nachgesagt, dass er die römische Badekultur in der Gegend wiederaufleben ließ. In dem 2019 sanierten Bad gibt es ein Kristall-Nebelbad und eine Bergsauna. Alles, was man heute mit Wellness verbindet, kann man in der Göppinger Therme genießen.

Göppingen, Lorcher Str. 44
barbarossa-thermen.de

179

Die Ersten ihrer Art

Ein Büffel, ein Wildpferd, ein Schneeleopard: Nur wenige Zentimeter lang sind die Figuren aus Mammutelfenbein, die bei Ausgrabungen in der Vogelherdhöhle gefunden wurden. Und doch gehören sie zusammen mit weiteren Funden und Höhlen auf der Alb zum Weltkulturerbe der UNESCO. **Bis zu 40000 Jahre alt sind diese Werke** und zeigen, dass es figürliche Kunst schon in der Steinzeit gab. Noch heute kommt es in der Region zu spektakulären Funden. Die Vogelherdhöhle lässt sich besichtigen, um sie herum ist ein archäologischer Erlebnispark entstanden, in dem man das Leben der Steinzeitmenschen kennenlernen und sich zum Beispiel im Speerwerfen üben kann. Auch zwei Originalfunde sind hier ausgestellt, weitere kann man in den unten genannten Museen bewundern.

Am Vogelherd 1, Niederstotzingen-Stetten, archaeopark-vogelherd.de

---

KUNST AUS DER STEINZEIT

180 MUSEUM ALTE KULTUREN

Star des Hauses ist das Vogelherdpferd, das 1931 in der Höhle entdeckt wurde.

Tübingen, Burgsteige 11 unimuseum.uni-tuebingen.de

181 URGESCHICHTLICHES MUSEUM BLAUBEUREN

Hier ist die Venus von Hohle Fels zu sehen, eine 40000 Jahre alte Frauenstatuette.

Blaubeuren, Kirchplatz 10, urmu.de

Wo Steinzeitmenschen ihre Werke hinterließen: Die Vogelherdhöhle ist eine archäologische Fundstelle von Weltruf

FOTO: VOLKER RENNER

Vogelherdhöhle

Zeitreise zu unseren Vorfahren: In der Höhle auf der Schwäbischen Alb wurden einige der ältesten Kunstwerke der Menschheit gefunden

URACHER WASSERFALL

Dschungel grown in Germany: 37 Meter stürzt der Wasserfall bei Bad Urach im schwäbischen Albtrauf in die Tiefe

182

Route für alle Fälle

Es geht durch ein weites Tal mit grünen Wiesen, entlang an einem tosenden Bachlauf. Schon wenig später taucht er dann auf, noch etwas hinter ein paar Bäumen versteckt: der Uracher Wasserfall. Von einer Tuffsteinkante fällt das Wasser herab, fließt in Rinnsalen über Gestein und vereint sich zum Bach – mehr Naturidylle gent kaum. Wer den etwa zehn Kilometer langen **Wasserfallsteig** weiterwandert, wird später noch auf einen zweiten, den Gütersteiner Wasserfall treffen. Und auch sonst viel spektakuläre Natur, Wiesen, urwüchsigen Wald und steile Pfade zu sehen bekommen. 2016 wurde die Route im UNESCO-Biosphärenreservat Schwäbische Alb von einer Jury des »Wandermagazins« zu Deutschlands schönstem Wanderweg gekürt.

Bad Urach, Beginn am Wanderparkplatz Maisental, badurach-tourismus.de

FOTO: KEVIN KUREK

Nur eine gute halbe Stunde zu Fuß vom Wanderparkplatz entfernt: der schönste Wasserfall der Schwäbischen Alb

Museum Ritter

Kunst im Quadrat – und ein Kubus für eine außergewöhnliche Sammlung

183

Josef Albers, Kasimir Malewitch, Victor Vasarely: Es gibt eine Menge Künstler, die aus der Form des Quadrats faszinierende Werke erschaffen haben. Marli Hoppe-Ritter sammelt sie. Das passt, denn sie ist Mitinhaberin eines Unternehmens, dessen Erfolgsgeschichte eng mit dem Quadrat zusammenhängt: **Ritter Sport.** 1932 ließ Firmenmitgründerin Clara Ritter die erste quadratische Schokoladentafel gießen; sie wollte Kunden gewinnen, die die Tafel ins Sportjacket stecken. Sozusagen die erste »Schokolade-to-go«. Am Firmenstandort in Waldenbuch hat Architekt Max Dudler einen minimalistischen Kubus für die rund 1200 Werke zählende Sammlung erschaffen, auf einem quadratischen Grundriss von 44 x 44 Metern.

Waldenbuch, Alfred-Ritter-Str. 27
museum-ritter.de

SÜSSE SÜNDEN

184

SCHOKOSHOP

Im Museumskomplex wird noch eine kleine Ausstellung gezeigt, die die Geschichte der Ritters von der kleinen Schokoladen- und Zuckerfabrik in Bad-Cannstatt bis zum Global Player der Süßwarenindustrie erzählt. Und für alle Schleckermäuler lohnt sich der Werksverkauf, in dem es all die bunt verpackten Ritter-Sport zum Outlet-Preis gibt.

Alfred-Ritter-Str. 27
ritter-sport.de

FOTOS: FRANZ J. WAMHOF/DB UND VG BILD-KUNST, BONN 2021, CHRISTOPH DÜPPER/LANDESMUSEUM WÜRTTEMBERG

Museum der Alltagskultur

Hier gibt es nichts Besonderes zu sehen. Und das ist ganz schön aufregend

185

Was hängt denn da vor der Wand? Ein Haufen alter Bürsten. Und ein Putzkittel. In einem Museum? Ja, das ist hier, in einem früheren Jagdschloss der württembergischen Herzöge, Programm. Ausgestellt wird, was streng genommen nichts Besonderes ist: Kleider, Töpfe, Geschirr, Möbel, Kehrwochenschilder, Krimskrams. Sogar ein metallener Gartenzaun hat es in das Museum der Alltagskultur im Schloss Waldenbuch geschafft. Doch **diese Zusammenstellung von Alltäglichem hat etwas Faszinierendes.** Sie erzählt Geschichte, nicht die der Feldherren, der Könige und Herrscher, sondern die Geschichte von uns Jedermännern und -frauen. Viel Raum wird den »Wohnwelten« eingeräumt. Der Höhepunkt dort: die wiederaufgebaute Wohnung der Familie Gayer aus dem Dorf Siegelsbach bei Heilbronn. Stube, Schlafzimmer und Küche sind im Zustand von 1975 erhalten geblieben, es mischen sich Möbel aus mehr als hundert Jahren. Spannend und oft auch komisch ist die Abteilung »ZeitSprünge«. Dort findet sich zum Beispiel ein Ölgemälde mit einem röhrenden Hirsch neben einer Viagra-Pille. Das kitschige Tier stand jahrhundertelang für Mannesmut und Potenz, die kleine blaue Pille soll nun helfen, das Letzteres nicht abhanden kommt. Mit solchen Gegenüberstellungen wollen die Kuratoren des Museums zeigen, dass das, was die Menschen heute bewegt, sich gar nicht so sehr von den Themen unterscheidet, über die auch früher schon gegrübelt wurde.

Waldenbuch, Kirchgasse 3
museum-der-alltagskultur.de

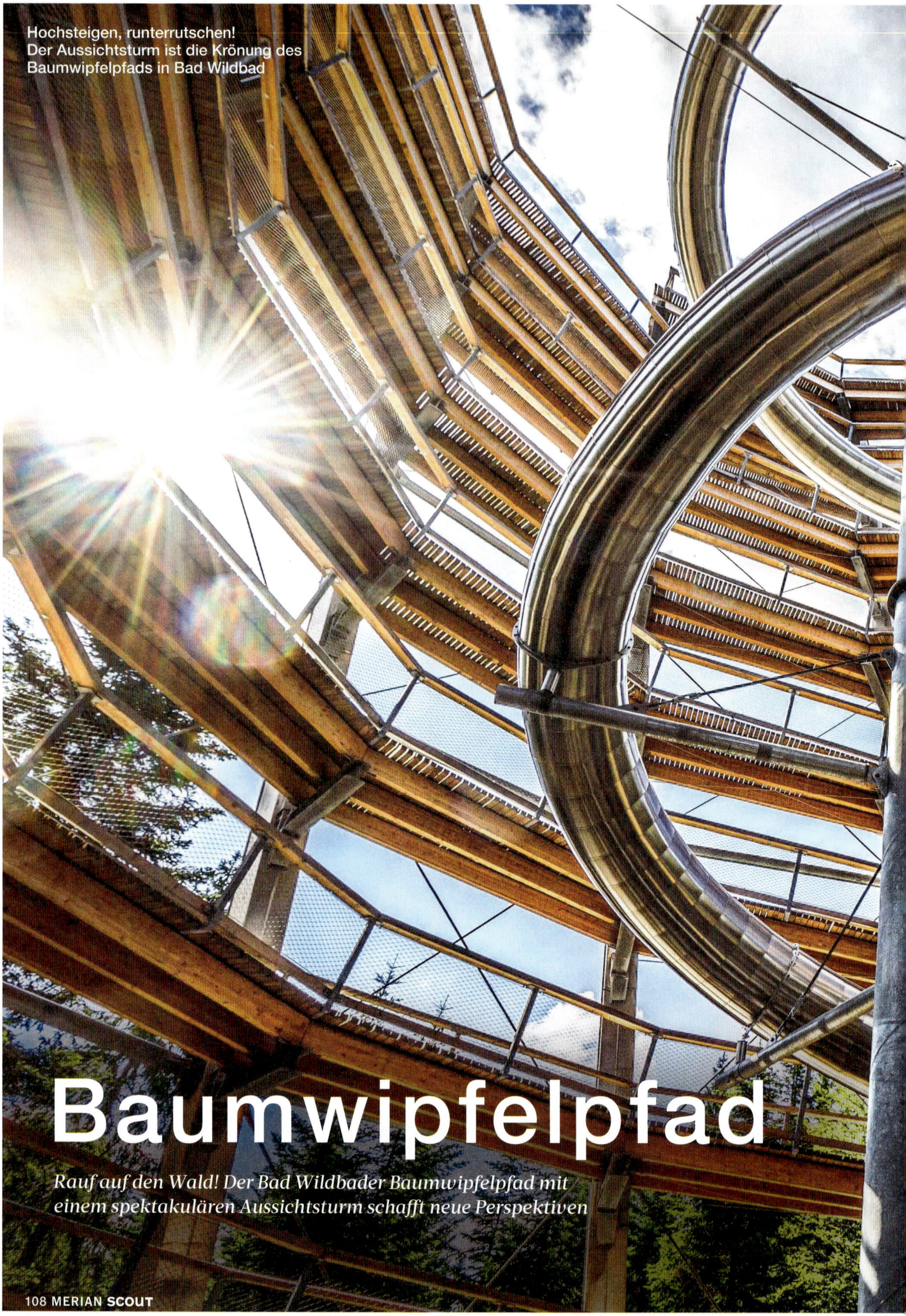

Hochsteigen, runterrutschen!
Der Aussichtsturm ist die Krönung des Baumwipfelpfads in Bad Wildbad

Baumwipfelpfad

Rauf auf den Wald! Der Bad Wildbader Baumwipfelpfad mit einem spektakulären Aussichtsturm schafft neue Perspektiven

FOTO: ALEX KIJAK

186

Hier geht's rund

Achtung, Drehwurmgefahr! Es müssen schon einige Runden bewältigt werden, bevor man die Aussichtsplattform des Bad Wildbader Baumwipfelpfads in 40 Meter Höhe erreicht. Bequeme sechs Prozent Steigung hat die spektakuläre Holzkonstruktion, die sich wie ein riesiger Trichter aus dem Wald reckt und **aufs Dach des Schwarzwaldes** führt. So schaffen auch kleine Kinder oder Rollstuhlfahrer den Weg hinauf. Oben angekommen, ist der Ausblick grandios, geht weit in die Ferne, über Buchen, Tannen und Fichten hinweg. Wieder hinunter kommt man übrigens deutlich schneller: Wer mag, kann in der 55 Meter langen Tunnelrutsche hinabsausen. Der eigentliche Baumwipfelpfad hat 1250 Meter Strecke und verläuft auf etwa 20 Metern über dem Waldboden. Unterwegs begegnen einem interessant gemachte Lern- und Erlebnisstationen, die Details zu Tieren und Pflanzen in den heimischen Wäldern liefern.

Bad Wildbad, Peter-Liebig-Weg 16
bad-wildbad.de/baumwipfelpfad

NATUR ERLEBEN

187 WILDLINE

Mehr Lust auf Schwindel? Auf der Hängebrücke aus Stahl wankt man in fast 60 Meter Höhe über den Wald.

Bad Wildbad, Heermannsweg 100, wildline.de

188 WALDBADEZIMMER

»Shinrin Yoku«, der japanische Waldbaden-Trend, ist auch auf dem Bad Wildbader Sommerberg angekommen. Dort liegt das »Waldbadezimmer«: zwei aus Baumstämmen geschnitzte »Waldluft-Badewannen«.

Bad Wildbad, Sommerberg, ausgeschilderter Abzweig des Märchenwegs »Das Kalte Herz«
bad-wildbad.de/waldbaden

SCHAUWERK

Werke mit besonderem Coolness-Faktor

189

Bei diesem Anblick kann einem schwindlig werden! Diese Figur hat der Künstler Antony Gormley aus Stahldrahtringen geformt und erweckt so den Eindruck, als drehe sie sich schnell um die eigene Achse. Zu sehen ist sie im Schauwerk, einem Museumsbau, in dem Teile einer ehemaligen Fabrik für Kältetechnikgeräte integriert wurden. Das Werk gehört zur Sammlung von Peter Schaufler, bis zu seinem Tod 2015 Geschäftsführer des Kältetechnik-Unternehmens Bitzer, und seiner Frau Christiane Schaufler-Münch. **Über 3500 Werke** umfasst die Kollektion, darunter Arbeiten von Hanne Darboven, Imi Knoebel, John Armleder oder von Fotografen wie Thomas Ruff, Andreas Gursky und Wolfgang Tillmans.

Sindelfingen, Eschenbrünnlestr. 15
schauwerk-sindelfingen.de

SCHWÄBISCH UND FEIN

190

KRAMERS STÜBLE

Eine Gaststube wie im Bilderbuch: gemütlich, mit viel Holz und alten Bildern. Die schwäbische Küche, die Dieter Schuster auftischt, ist aber alles andere als altbacken. Das Ochsenbäckle oder der Zwiebelrostbraten mit Trollingerjus schmecken in der zum Hotel »Erikson« gehörenden Wirtschaft außergewöhnlicher als anderswo.

Sindelfingen, Hanns-Martin-Schleyer-Str. 8, erikson.de

SCULPTOURA

Kunst, die am Radwegesrand steht

Wer sitzt denn da in der Landschaft herum? Es ist der »Herr Zimmer«. So hat Birgit Feil ihren Grübler auf der Wiese getauft. 58 Künstlerinnen und Künstler, viele aus der Region, haben Plastiken für den »Sculptoura« genannten Radweg zwischen Waldenbuch und Weil der Stadt beigesteuert. Manche, aus Naturmaterialien hergestellt, fügen sich spielerisch in die Umgebung ein, andere erscheinen als **knallbunter Klecks** mitten in der Natur von Schönbuch und Heckengäu. 40 Kilometer einfache Strecke hat die komplette Route, wer stramm radelt, kommt an einem Tag hin und zurück. Es gibt aber auch kürzere Rundtouren. Wer mehr über die Kunstwerke am Wegesrand erfahren will, besorgt sich den »Sculptoura«-Katalog, etwa im Museum Ritter in Waldenbuch (S. 106).

Waldenbuch bis Weil der Stadt, sculptoura.de

STAUNEN UND SCHLEMMEN

192 KEPLER-MUSEUM

Johannes Kepler erforschte, wie die Planeten sich um die Sonne bewegen. In seinem Geburtshaus wird an den großen Gelehrten erinnert.

Weil der Stadt, Keplergasse 2
kepler-museum.de

193 WALDHORN AIDLINGEN

Hier stärkt man sich mit Klassikern der schwäbischen Küche.

Aidlingen, Gärtringer Str. 17
waldhorn-aidlingen.de

Sauwedder im Kessel? Kommt selten, aber auch mal vor. Doch wenn man das richtige Programm hat, kann es trotzdem ein schöner Tag werden: die tollsten Indoor-Aktivitäten

ENTDECKEN

SI-CENTRUM
Alles unter einem Dach: Besuchen Sie eines der zwei Musicals, versuchen Sie Ihr Glück in der Spielbank, entspannen Sie in den Schwabenquellen. Und wer mag, bleibt gleich über Nacht in einem der beiden Hotels.

Plieninger Str. 100, Stuttgart
U-Bahn Salzäcker, si-centrum.de **194**

FLUGSIMULATOR SIMINN
Hier werden Kinderträume (ab zehn Jahre!) wahr: In die Rolle des Piloten schlüpfen und mit einer Boeing 737 abheben – zumindest virtuell in einem Cockpit, in dem echte Piloten ausgebildet werden. Die helfen einem auch bei Starts und Landungen. Im Voraus buchen!

Liesel-Bach-Str. 10, Böblingen
siminn.de **195**

PLANETARIUM
In hellbeleuchteten Städten wie Stuttgart sind nur noch wenig Sterne am Nachthimmel sichtbar. Im Planetarium schon. Tipp: An manchen Tagen werden Lichteffekte an die Kuppel projiziert und elektronische Beats aufgelegt.

Willy-Brandt-Str. 25, Stuttgart
U-Bahn Staatsgalerie
planetarium-stuttgart.de **196**

SCHWEINE-MUSEUM
Hier haben Sie mächtig Schwein! Und erfahren alles über das Borstenvieh und seine Bedeutung – ob als Nutztier, Glückssymbol oder Sparschwein. Zu sehen sind über 50 000 Exponate aus aller Welt.

Schlachthofstr. 2A, Stuttgart
schweinemuseum.de **197**

198 *Filmabend*

KINOTHEK STUTTGART
Wenn sich der schwere rote Samtvorhang beiseite schiebt, taucht man ein in ein nostalgisches Kino – klassisch mit Saalbar und Tischleisten, wie 1958, als der Familienbetrieb den ersten Film zeigte. Bis heute laufen hier jeden Tag Klassiker, Arthouse- und Familienfilme.

Asangstr. 15, Stuttgart, S-Bahn Obertürkheim, kinothek-stuttgart.com

ERLEBEN

SPRUNGBUDE
Klettern, hüpfen, schwingen, fliegen wie in der Fernsehshow »Ninja Warrior« – das können hier Sprungkräftige jeden Alters. Mit über 160 Trampolinen in 19 Themenwelten ist die Halle eine der größten der Welt.

Im Weilerhau 6, Filderstadt
sprungbude-filderstadt.de **199**

LIEDERHALLE
Von Dschungelbuch bis Tschaikowski: Das Programm des Konzert- und Kongresszentrums deckt eine beeindruckende Bandbreite ab. Die alte – im Krieg zerstörte – Liederhalle entstand 1864 auf Initiative des Stuttgarter Liederkranzes, ein Gesangsverein, der noch heute existiert. Der markante Neubau aus den 1950ern wird allerdings längst auf ganz anderer Ebene bespielt und gehört heute zu Deutschlands wichtigsten Konzerthäusern.

Berliner Platz 1–3, Stuttgart
U-Bahn Berliner Platz
liederhalle-stuttgart.de **200**

ILLUSTRATION: LENA GLAUCHE

Impressum

MERIAN scout erscheint in der Jahreszeiten Verlag GmbH

Harvestehuder Weg 42, 20149 Hamburg, Tel. +49 40 2717-0
Redaktion: Tel. +49 40 2717-2600, E-Mail: redaktion@merian.de, Internet: www.merian.de

CHEFREDAKTEUR
Hansjörg Falz

STELLVERTRETENDE CHEFREDAKTEURIN
Kathrin Sander

ART DIRECTION
Inke Cron

CHEFIN VOM DIENST
Jasmin Wolf

TEXTREDAKTION
Stefanie Plarre, Andreas Leicht, Alexander Jürgs (fr.), Lea Dillmann (fr.)

BILDREDAKTION
Tanja Foley

REDAKTIONSMANAGEMENT
Bodo Drazba

ASSISTENZ DER CHEFREDAKTION
Lina Malin Lilischkis

VERANTWORTLICH FÜR DEN RED. INHALT
Hansjörg Falz

GESCHÄFTSFÜHRUNG
Thomas Ganske, Sebastian Ganske, Heiko Gregor (CEO), Peter Rensmann

BRAND OWNER/VERLAGSLEITUNG
Oliver Voß

HEAD OF EDITORIAL OPERATIONS
Bartosz Plaksa

GESAMTVERTRIEBSLEITUNG
Jörg-Michael Westerkamp (Zeitschriftenhandel), Thomas Voigtländer (Buchhandel)

VERMARKTUNG
Helma Spieker (verantwortlich für Anzeigen)
Tel. +49 40 2717-0

ANZEIGEN VERKAUFSBÜRO INLAND
Henning Meyer (Senior Brand Manager), Corinna Plambeck-Rose (Disposition)

Nord Jörg Slama
Tel. +49 40 22859-2992
joerg.slama@jalag.de

Mitte Michael Thiemann
Tel. +49 40 22859-2996
michael.thiemann@jalag.de

Südwest Marco Janssen
Tel. +49 40 22859-2997
marco.janssen@jalag.de

Süd Andrea Tappert
Tel. +49 40 22859-2998
andrea.tappert@jalag.de

DIE PREMIUM MAGAZIN GRUPPE IM JAHRESZEITEN VERLAG
Gültige Anzeigenpreisliste: Nr. 10
ISBN 978-3-8342-3312-7
ISSN 2627-3241
Erstverkaufstag dieser Ausgabe ist der 16.11.2021

VERTRIEB
DPV Vertriebsservice GmbH
www.dpv-vertriebsservice.de

LITHO
K+R Medien GmbH, Darmstadt

DRUCK UND VERARBEITUNG
Walstead Kraków
Sp. z o.o., Obronców Modlina 11
30-733 Krakau, Polen

Das vorliegende Heft ist die 15. Nummer im 4. Jahrgang.

ERSCHEINT IM
JAHRESZEITEN VERLAG
EIN UNTERNEHMEN DER GANSKE VERLAGSGRUPPE

FOTOS: H & D ZIELSKE, PETER OPPENLÄNDER, GERALD HÄNEL

WEITERE TITEL DER JAHRESZEITEN VERLAG GMBH: A&W ARCHITEKTUR & WOHNEN, CLEVER LEBEN, COUNTRY, DER FEINSCHMECKER, FOODIE, HOLIDAY, LAFER, MERIAN, POLETTO, PRINZ, ROBB REPORT, SCHÖNER REISEN, WEIN GOURMET

200 + 1

HEIMWEH?!

Nach Stuttgart kam Spitzenkoch Nelson Müller als Kleinkind: Hier wuchs er bei Pflegeeltern auf und machte seine Ausbildung zum Koch. Nach mehreren Stationen in Sterne-Restaurants betreibt er heute Restaurants in Essen und im Rheingau

MERIAN scout: Herr Müller, Sie sind im Stadtteil Plieningen, im Süden von Stuttgart, aufgewachsen und leben jetzt in Essen. Was vermissen Sie am meisten an Stuttgart?

NELSON MÜLLER: *Meine alten Freunde und Schulkameraden und ein bisschen die Butterbrezeln...*

Im Buch »Heimatliebe« reisen Sie durch Deutschland und sagen: Heimat muss kein Ort sein, das können auch Menschen oder eine Melodie sein. Aber schlägt Ihr Herz für Stuttgart nicht doch ein bisschen höher?

Ich habe jetzt fürs ZDF wieder in Stuttgart gedreht, und da hat sich schon eine gewisse Wehmut eingestellt, als ich durch die Straßen gefahren bin. Die Weinberge, diese eine Bushaltestelle, die Restaurants und Bars...

Die Markthalle haben Sie früher mit Ihren Eltern oft besucht. Sind Sie auch heute gerne dort?

Die Markthalle ist sicher eine starke Erinnerung, aber auch gleichzeitig Ausdruck des fast schon mediterranen Lebensgefühls, das ich in Stuttgart verspüre. Es sind die Menschen, die die Stadt prägen, hier wird Wert auf Essen gelegt, Bio-Anbau, Kultur.

Sie sind nicht nur Koch und Buchautor, sondern auch Musiker. Gibt es einen bestimmten Club in Stuttgart, den Sie empfehlen?

Leider bin ich nicht mehr so drin in der Szene, aber ich träume immer noch von einem Besuch bei Vincent Klink, Koch und Jazz-Musiker, und hoffe, dann vielleicht Teil einer seiner Sessions sein zu dürfen. Und auch mein guter Freund, der Singer-Songwriter Philipp Poisel, weiß, wo's gute Musik und gutes Essen gibt.

Gibt es ein schwäbisches Gericht, mit dem Sie ein besonderes Gefühl verbinden?

Kässpätzle, Bubespitzle und Maultäschle in der Brüh – da isch die Welt in Ordnung.

Feiert schwäbische Kässpätzle auch im Ruhrgebiet: Nelson Müller

Mit welchem schwäbischen Gericht können Sie auch in Essen besonders punkten?

Meine Kässpätzle sind ein Verkaufsklassiker.

Welcher Ort in Stuttgart war der Lieblingsort Ihrer Kindheit?

Als Kind war es immer etwas Besonderes, wenn ich mit meiner Mutter auf die Königsstraße zum Stadtbummel gefahren bin.

Wenn Sie das heutige Stuttgart mit dem Ihrer Kindheit vergleichen: Worin liegt der größte Unterschied?

Ich bin eigentlich sehr erstaunt, dass die Stadt trotz der vielen baulichen Veränderungen ihren Charme, Charakter und eine gewisse Beschaulichkeit behalten hat.

Welchen Tipp würden Sie den Stuttgartern geben, was man in der eigenen Heimatstadt unbedingt mal unternehmen sollte?

Ich denke, selbst ein eingefleischter Stuttgarter hat allenfalls als Kind im Heimat- und Sachkunde-Unterricht mal eine Stäffele-Tour gemacht – das lohnt sich zu wiederholen! Ansonsten empfehle ich den Besuch in einer der vielen Besenwirtschaften, im Hohenheimer Park, in den Schlössern und auf dem Birkenkopf, der höchsten Erhebung im Stadtgebiet. Hier wurden nach dem Zweiten Weltkrieg Trümmer der zerstörten Stadt abgelagert, seitdem nennen die Stuttgarter den Birkenkopf auch Monte Scherbelino. Der Blick auf die Stadt von hier ist toll.

201 **RESTAURANT WIELANDSHÖHE**

Vincent Klink kocht hier mit Bio-Gemüse aus der Region und Fleisch aus artgerechter Tierhaltung – seine Sterneküche hat schwäbische wie mediterrane Einflüsse.

Alte Weinsteige 71, wielandshoehe.de

FOTO: MARIO ANDREYA